“十三五”国际商贸类课程规划教材

U0681461

外贸跟单实训教程

张 燕 主编

PRACTICAL TRAINING TEXTBOOK

ABOUT QUALITY CONTROL

IN FOREIGN TRADE

经济管理出版社
ECONOMY & MANAGEMENT PUBLISHING HOUSE

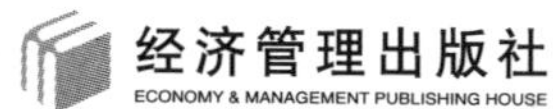

图书在版编目（CIP）数据

外贸跟单实训教程/张燕主编. —北京：经济管理出版社，2016.8
ISBN 978-7-5096-4126-2

Ⅰ. ①外… Ⅱ. ①张… Ⅲ. ①对外贸易—市场营销学—职业培训—教材 Ⅳ. ①F740.4

中国版本图书馆 CIP 数据核字（2016）第 306040 号

组稿编辑：王光艳
责任编辑：许 兵 张 荣
责任印制：黄章平
责任校对：王 淼

出版发行：经济管理出版社
（北京市海淀区北蜂窝 8 号中雅大厦 A 座 11 层 100038）
网 址：www. E-mp. com. cn
电 话：(010) 51915602
印 刷：三河市延风印装有限公司
经 销：新华书店
开 本：720mm×1000mm/16
印 张：15.75
字 数：254 千字
版 次：2016 年 8 月第 1 版 2016 年 8 月第 1 次印刷
书 号：ISBN 978-7-5096-4126-2
定 价：48.00 元

前　言

2013年中国成为世界第一大贸易国，对从事国际贸易的专业人才需求日益增加，外贸跟单员是外贸行业中一个热门职业。跟单员的主要工作是在外贸企业业务流程运作过程中，以国外客户订单为依据，跟踪产品（服务）运作流向并督促订单落实的专业人员，是外贸企业开展业务的基础性人才之一。我们以校企合作的形式组织编写的这本《外贸跟单实训教程》适合高职高专院校国际经济与贸易类学生，报考跟单员资格证书以及在外贸公司、外资企业、涉外生产企业从事跟单工作的社会人士学习。本书既可以作为《外贸跟单实务》课程教材使用，也可以作为实训教材使用。

本书打破知识型、要素型的传统编写体系，采用了以在外贸企业从事跟单员的工作过程为线索，职业能力培养为本位，体现了工学结合、任务驱动、项目导向、实例讲解、理论与实践教学一体化的项目教材编写模式。重构以实际工作过程为导向，以具体工作任务为内容的教材编写体系。教材内容的选取充分满足职业能力训练的需要，将知识传授贯穿于能力训练的过程之中，让学生在完成相应工作任务中体会具体的跟单工作过程，构建相关知识体系，发展职业能力，培养符合外贸企业从事跟单岗位要求的高技能的专业人才。本书遵循“够用为度、注重实践”的原则，深入浅出，分散难点，降低了理论学习的难度，更易于学生接受，充分体现了高职教育的职业性和实践性，使教学过程设计更优化、更合理。

本书用一笔完整业务案例为主线，贯穿了整个外贸业务，包括签订外销合同、委托加工、采购原材料、制作样品、安排生产、监控产品质量、包装出境、客户管理等，掌握外贸跟单业务的一般流程及跟单工作要领，为从事外贸跟单工作奠定基础，提升操作能力，培养满足外贸公司和涉外生产企业实际需求的技能型的跟单人员。

本书具有如下特点：

第一，仿真性。本书以一个高职毕业生开展外贸跟单业务为主线，通过生动、具体的实际案例和详尽的实例展示、实训任务，为学生提供了一个仿真模拟的学习环境。

第二，完整性。本书从签订外销合同、委托加工、采购原材料、采购辅料、制作样品、安排生产、监控产品质量、包装出境到客户管理，涵盖了一个完整的外贸跟单业务的全过程。

第三，操作性。每个项目均由技能目标、工作任务、实训任务和实训练习四部分组成，学生在实例展示和操作讲解的指引下，通过实训任务和实训练习的训练，提高和培养其实际操作能力。

第四，对接性。工作项目与工作过程相对接，教材结构与执教理念相对接，教材内容与工作内容相对接，学历证书与职业资格证书相对接。

本教材由大连职业技术学院张燕主编，负责全书结构的策划与编写。在编写过程中，参考和借鉴了大量前辈和同行的相关文献及资料，谨在此向各位作者表示衷心的感谢。此外，本书的编写还得到了大连丹鼎贸易公司贾凯先生、好利商贸有限公司陈雷先生、中外运大连公司张运涛先生、中国银行辽宁分行刘萍女士的大力支持，在此一并表示感谢。

目　录

实训项目一

步入职场——跟单员的职业要求

技能目标

- 了解国际贸易跟单的分类
- 熟悉国际贸易跟单员与其他外贸工作岗位的关系
- 掌握国际贸易跟单员工作的主要内容
- 明确国际贸易跟单员的工作特点
- 了解国际贸易跟单员的职业基本素质要求

工作任务　外贸跟单岗位认知

【章首案例】

大连海达进出口公司的跟单工作

李明今年毕业于大连职业技术学院，参加了学校组织的招聘会，成功应聘于大连海达进出口公司。大连海达进出口公司成立于1992年，是经国家外经贸部批准的具有进出口经营权的贸易公司，从事服装进出口业务，其产品主要销往澳大利亚、美国、加拿大及日本等国家和地区。

作为一名新人，李明从基础的跟单岗位工作开始做起，他准备结合所学跟单知识与岗位需要，逐渐掌握本公司跟单业务的流程和要求，尽快熟悉本岗位与公司其他工作岗位的关系，迅速完成“职业人”这一角色转变，成为一名合格的跟单员。

一、外贸跟单的分类

外贸跟单岗位的出现是我国外贸企业在新的经营环境下，经营管理人才的重新分工调整所致，也是外贸经营管理模式的创新和完善，它适应了外贸企业管理的内在需求和外贸人力资源开发的新趋势，具有客观的必然性和可观的发展前景。

1. 外贸跟单员的概念

外贸跟单员是指进出口贸易合同签订后，对贸易合同项内订单的货物，在生产加工、货物运输、报检、保险、报关和结汇等环节进行部分或全部跟踪或操作，协同完成贸易合同履行的外贸从业人员。

外贸跟单中的“跟”是指跟进、跟随或跟踪，“单”是进出口贸易合同或信用证下的订单。外贸跟单员是协助本公司外贸业务员进行开拓国际市场、推销产品、协调生产和完成交货任务的业务助理，也是连接外贸公司内各部门之间、外贸公司与生产企业、外贸公司与客户、生产企业与客户的桥梁。

外贸跟单员一词的英文表述有多种，常使用“跟单主管”（Order Supervisor）或“质量控制员”（Quality Controller），其中“质量控制员”常见于报纸杂志的招聘启事，简称“QC”。

【知识链接】

跟单员

1. 狭义跟单员

狭义上的跟单员是指在企业运作过程中，以客户订单为依据，跟踪产品（或服务）运作流向的专职人员，是企业各部门之间及企业与客户之间联系的中心枢纽，跟单员素质的高低直接影响到了企业满足客户的能力。

2. 广义跟单员

在广义上跟单员就是职业经理人。也就是说厂长、总经理以及所有围绕着订单去工作、对出货交期负责的人，都是跟单员。

● "要做老板，先做业务员；要做好业务员，先做跟单员！"

● 跟单工作，已经不仅是外向型企业的必备，而且是所有订单生产企业的常项。在某种程度上，跟单员的职业能力决定了订单盈亏与企业得失，因此跟单员人才构成了企业隐形竞争力。

● 管理一个企业，在现在"市场经济"、"订单经济"时代，是少不了要做跟单员的！因为一个企业的生存与发展，是以订单为主线条的，跟单员就是订单的跟进者。

2. 外贸跟单的类型

(1) 外贸跟单按业务进程可分为前程跟单、中程跟单和全程跟单三大类。前程跟单是指"跟"到出口货物交到指定出口仓库为止；中程跟单是指"跟"到装船清关为止；全程跟单是指"跟"到货款到账，合同履行完毕为止。

(2) 根据货物的流向，外贸跟单还可以分为出口跟单和进口跟单。对出口合同的履行进行部分或全部跟踪或操作是出口跟单；对进口合同的履行进行部分或全部跟踪或操作是进口跟单。

(3) 外贸跟单按业务性质可分为外贸公司跟单和生产企业跟单。

【知识链接】

"生产企业跟单"和"外贸公司跟单"

1. "生产企业跟单"和"外贸公司跟单"相同之处主要有以下几个方面：

(1) 跟单目标。跟单目标都是以外贸订单为中心，进行生产进度、产品的质量和数量的跟踪，以保证订单项下的货物能够按时、按质、按量抵达合同或信用证要求的地方。

(2) 知识结构。跟单不仅需要外贸知识、海关知识、商检知识、运输知识、保险知识、商品知识及外语和语言沟通能力，还需要具备能够熟练使用计算机应用软件（如 Word、Excel 等）的能力。

（3）跟单范围。跟单范围涉及前程跟单、中程跟单和全程跟单。

（4）跟单要领。一名合格的跟单员要具备某项商品的专业知识，精通该商品的生产操作要领，能分析和解决生产过程中出现的问题，协调各方（部门）的利益，妥善处理商品的质量问题，满足工艺单和客户的要求。

2.“生产企业跟单”和“外贸公司跟单”不同之处主要有以下几个方面：

（1）所处企业不同。外贸公司跟单员所涉及的产品品种、结算方式等比生产企业跟单员要相对多些，接触的企业面相对生产企业跟单员要大一些，跟单的主要内容与生产企业跟单有一定的差异。

（2）跟单工作侧重点不同。生产企业跟单员的跟单工作大部分侧重于以生产跟单为主，即以生产过程的商品质量和数量的跟踪为主。因此对生产企业跟单员的素质要求，偏重于产品知识、工艺质量、一般的外语沟通能力以及计算机应用软件等方面。由于生产企业从事外贸活动的能力不及专业的外贸公司，外贸公司跟单员要从事几个岗位的工作，因此对外贸公司跟单员的要求是要能够胜任全程跟单的工作。

（3）业务流程不同。外贸公司跟单工作包括选择生产企业、签订收购合同、筹备货物、进程跟踪、商检（客检）、订舱装船、制单结汇等几个步骤。生产企业一般流程包括推销公司产品、签订外销合同、筹备货物、商检（客检）、订舱装船、制单结汇等几个步骤。

二、跟单员跟单工作流程

1. 跟单员与其他外贸工作岗位的关系

跟单员与其他外贸工作岗位的关系如图 1–1 所示。

2. 外贸公司跟单工作流程

外贸公司跟单工作包括选择生产企业、签订收购合同、筹备货物、进程跟踪、商检（客检）、订舱装船、制单结汇等几个步骤。

3. 生产企业跟单工作流程

具备对外进出口经营权的生产企业是我国外贸进出口的主体之一，随着我国加入世贸组织（WTO）和《外贸法》的实施，具有外贸经营权的生产企业越来越多，许多国际买家也热衷于直接从这些生产企业采购商品。“工厂跟单”，实质上

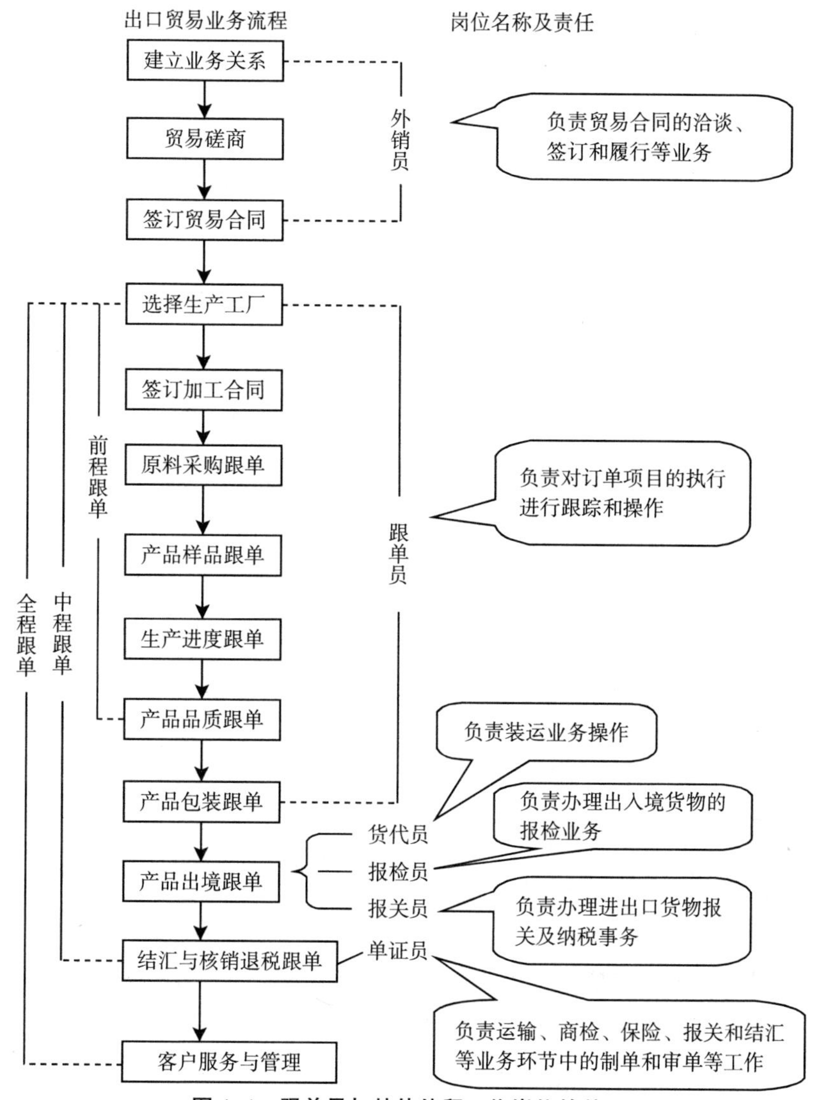

图 1–1　跟单员与其他外贸工作岗位的关系

属于生产型企业的内部跟单。其一般流程包括推销公司产品、签订外销合同、筹备货物、商检（客检）、订舱装船、制单结汇等几个步骤。

4. 出口贸易一般流程

（1）选择供应商或生产企业。在选择供应商或生产企业时，需注重考察生产企业的资信，是否具有生产能力，能否保证质量、保证按期交货，产品是否有对外贸易的竞争力等。

（2）生产企业推销本企业产品出口。生产企业推销本企业产品出口的过程中，跟单员的主要工作内容有：

1）了解目标市场的需求特点和客户采购偏好。

2）了解并掌握公司产品的主要性能、工艺、质量标准、原材料构成、生产周期等。

3）了解并掌握公司产品的包装材料和包装方法。

4）了解并掌握公司产品的装箱率、集装箱可装数量。

5）掌握公司产品的价格和相关原材料价格。

6）了解近期本币对外币的兑换价格及变化趋势，即汇率和变化趋势。

（3）建立对外业务关系，确定出口贸易对象。建立业务关系可以通过信函、电子商务、电子邮件、传真、参加国内外各种交易会和展览会、我国驻外的使领馆、商会、企业名录、报纸杂志上的广告等途径搜寻或结识国外客户。

（4）洽谈业务。洽谈业务是指买卖双方就某一种商品进行洽谈，内容包括价格及价格条件、货物的技术规格、包装、货款的支付方式和时间、运输方式、争议的解决方式和地点、货物数量、交货时间、保险、货物的检验标准和地点等。洽谈业务可以采用信件、传真、电子邮件等不见面的洽谈方式，也可以采用与客户见面洽谈的方式。在洽谈业务前必须做好充分准备。

（5）签订对外合同。跟单员在签订对外合同这个阶段，通常是辅助外贸业务员做好以下主要工作：

1）整理双方达成的事项内容。

2）将客户的工艺单和要求转换为本公司的制造工艺单。

3）落实到生产企业（车间），并完成确认样。

4）检查确认样，将符合客户或工艺单要求的样品寄送给客户，等待确认消息。

5）根据客户的确认意见，改进确认样，直至客户确认样品。

6）做好合同项下订单生产前的一切准备工作等。

（6）买方开立信用证。外贸合同中若确定是以信用证方式结算货款，卖方（出口方）在签订外贸合同后，应及时将“开证资料”（内容主要有出口方的开户银行名称、地址、SWIFT 号码等资料）通知买方（进口方），买方应严格按照合同的各项约定按时开立信用证，这也是买方履约的前提。卖方在收到买方开立的信用证后，首先要根据合同审核信用证，在确认信用证中没有不可接受的条款后，开始投料生产；另外，卖方也可以在收到客户支付部分货款（通常是合同金额的 20%~30%）定金后，投料生产。

（7）签订内贸收购合同。在确定生产企业后，需要对某个商品的生产规格、价格、数量、质量、交货期、付款时间等作出具体的约定，并以书面形式记载，由生产企业（供货方）和收购方的法人或法人授权代表在合同上签字盖公章，以示合同生效。

（8）履行合同。履行合同期间跟单员需要做的主要工作有：测算企业实际生产能力、原材料采购、生产进度跟踪、产品包装、生产质量检验等。

（9）商检（客检）与报关。当货物生产完成时，对于法定商检的货物，在备妥货物后，跟单员应在报关前提前向产地商检局预约安排商检，只有得到经商检局签发的检验合格证书（一般是纸质的"出境货物通关单"和通过商检网络传输的"出境货物换证凭条"），海关才放行，凡检验不合格的货物，经返修后仍不合格，则不得出口。

除了国家商检外，还有客户到生产企业进行检验（简称客检）。对于合同约定由买方（客户）检验的，要提前联系买方，确定具体的检验日期。一般而言，经"客检"合格的商品，买方会出具 "客检证"。不论是国家商检，还是"客检"，都是在生产完成并包装入箱后进行的。

（10）安排运输与保险。跟单员在运输与保险这个阶段，必须做好以下主要工作：

1）物流运输的跟踪。在订单完成后，经过检验、报关等环节，货物按预定的舱位装船起运。由于货物多数是依靠集装箱运输的，跟单员必须了解集装箱尺寸，合理估算集装箱内货物装载量。

2）报告数据。报告最终可出口产品数量（包括外箱等包装数量）、体积、重量等数据，配合其他部门（如单证部、储运部）办理租（配）船订舱工作和保险事宜。

3）租（配）船舱，办理保险。如果是全程跟单，则需向货运代理或船务代理办理租（配）船订舱，并在运输工具启运前完成保险事宜。在货船离港后，需向货运代理或承运人取得符合要求的运输单据。

（11）制单结汇。在制单结汇这一阶段中，跟单员必须了解交单议付所需单证的种类，从哪里能得到这些单证；有了单证之后，还需要对单证进行整理，为正确及时制作结汇单证创造条件。

（12）外汇核销与出口退税。按照国家的有关外汇管理规定，出口企业在货物出口和收汇后，必须办理出口收汇核销手续；而出口退税是指一个国家或地区对已报送离境的出口货物，由税务机关将其在出口前的生产和流通的各环节已经缴纳的国内税金（增值税、消费税）等间接税税款退还给出口企业的一项税收制度。

出口退税的主要单证有：出口报关单（出口退税专用联）、出口收汇核销单、增值税发票、出口销售发票。各种单证的内容（如商品品名、数量、计量单位等）要相互一致，不矛盾，并在规定的时间内向税务机关（国税）办理退税手续。

三、外贸跟单员的工作特点

外贸跟单员的工作要有较高的职业素养，其具有以下特点：

1. 跟单员要有较高的责任心

外贸跟单员的工作是建立在订单与客户基础上的，订单是企业的生命，没有订单企业就无法生存，客户是企业的上帝，失去了客户，企业就不能持续发展。而订单项下的产品质量，是决定能否安全收回货款、保持订单连续性的关键。执行好订单、把握产品质量需要跟单员的敬业精神和认真负责的态度。

2. 具有协调与沟通能力

在跟单员的跟单工作过程中，对内需要与多个部门（如生产、计划、检验等部门）打交道，对外要与商检、海关、银行、物流等单位打交道，协调处理在跟单工作过程中遇到的问题，因而跟单员的协调与沟通的能力直接影响工作效率。

3. 具有快速应变的能力

跟单员的工作方式、工作节奏必须适应客户的要求。由于客户是来自世界各地的人，他们有不同的生活方式和工作习惯，因此，跟单员的工作节奏和工作方式必须与客户保持一致，具有高效率和务实性，能吃苦耐劳。另外，不同的客户需求也不同，而且这种需求又随着产品的不同而不同，这些都需要跟单员有快速应变能力。

4. 工作的综合复杂性

跟单员工作涉及企业所有部门，由此决定了其工作的综合性、复杂性。对外执行的是销售人员的职责，对内执行的是生产管理协调工作，所以跟单员必须熟悉进出口贸易的实务和工厂的生产运作流程，熟悉并掌握商品知识和生产管理全过程。

5. 涉外性和保密性

在跟单员的跟单过程中，涉及客户、商品、工艺、技术、价格、厂家等信息资料，对企业来说，这是商业机密，对外必须绝对保密。跟单员必须忠诚于企业，遵守保密原则。

四、外贸跟单员的素质要求

1. 职业素质

外贸跟单员职业素质主要包括以下几方面：①热爱社会主义祖国，自觉维护国家和企业的利益，关注国内外的政治、经济形势；②遵纪守法、廉洁自律；③严守国家机密和维护商业机密；④对本职工作认真负责，忠于职守；⑤积极开拓，锐意进取。

2. 能力素质

外贸跟单员要具有下列能力：①综合业务能力；②市场调研和预测能力；③推销能力；④语言文字能力和口头表达能力；⑤社交协调能力。

3. 知识素质

知识素质是指外贸跟单员做好本职工作所必须具备的基础知识与专业知识。

（1）外贸跟单员的基础知识。外贸跟单员应具有下列知识：

1）了解我国对外贸易的方针、政策、法律和法规以及有关国别（地区）贸易政策。

2）了解所管辖商品销往国家或地区的政治、经济、文化、地理及风俗习惯、消费水平。

3）具有一定的法律知识。了解《合同法》、《票据法》、《经济法》、《外贸法》等与外贸跟单员相关的法律知识，做到知法、懂法和用法。

（2）外贸跟单员的专业知识。对外贸跟单员专业知识的要求有以下几点：

1）懂得商品学的基本理论，熟悉所跟单的产品的性能、品质、规格、标准(生产标准和国外标准)、包装、用途、生产工艺和所有原材料等知识。

2）了解管辖商品在国际市场上的市场行情以及该项商品主要生产国和进出口国家或地区的贸易差异，及时反馈信息给国内厂商，指导其生产。

3）熟练掌握国际贸易理论、国际贸易实务、国际金融、市场营销学及国际商务法律法规和有关国际惯例等专业知识；熟悉商检报关、运输、保险等方面的有关业务流程。

4. 管理素质

管理出生产力，管理出效益。良好的管理水平在很大程度上是衡量外贸跟单员是否称职的重要内容。外贸跟单员既是跟进订单的专职人员，也是业务员、经理或企业负责人的助手，因此，外贸跟单员应具备一定的管理素质和能力，即具备良好的合作精神，一定的组织、协调、决策能力。

五、外贸跟单员的知识构成

1. 外贸跟单员的外贸基础知识

外贸跟单员要具有外贸基础知识，其包含：国际商务基础理论，运输与保险，商检与报关，国际贸易的规则、政策，金融外汇与银行结算。

2. 外贸跟单员的工厂生产与管理知识

为了能很好地完成订单项下的生产任务，保质、保量地把货物送交客户，顺利安全收回货款，外贸跟单员应该了解和熟悉有关工厂管理方面的知识，主要包括制订生产计划、原材料采购管理、仓库管理、生产管理、品质管理、客户管理等。

3. 外贸跟单员的商品知识

外贸跟单员的跟单工作内容之一是控制商品的质量，因此，外贸跟单员除了掌握国际贸易知识外，还应该具备相应的商品知识，只有把握商品的特性，才能更好地推行生产工艺和生产技术，达到客户对质量的要求，完成跟单业务工作。具体而言，外贸跟单员在跟单过程中，应根据合同或信用证中的相关条款，仔细研究商品的特性与品质要求、商品包装及包装标志、商品计量单位、商品的检验标准和客户的特殊要求、进口国的民俗等，圆满完成外贸跟单任务。

实训任务

1. 任务一

（1）操作资料。请搜集相关案例和信息，了解外贸公司各工作岗位的情况。

（2）操作要求。请根据出口业务流程，将各工作岗位的工作内容和要求进行梳理，将相关内容填入表 1–1。

表 1–1　工作岗位的工作内容

工作岗位	工作内容和要求
外销员	
跟单员	
单证员	
货代员	
报检员	
报关员	

2. 任务二

（1）操作资料。工作项目：建立业务关系、贸易磋商、签订贸易合同、选择生产工厂、签订加工合同、原料采购跟单、产品样品跟单、生产进度跟单、产品品质跟单。

（2）操作要求。根据跟单员和外销员的工作内容选择相应的工作项目填入表 1–2。

表 1–2　跟单员与外销员工作项目

工作岗位	工作项目
跟单员	
外销员	

3. 任务三

（1）操作资料。刚从大学毕业的小李第一天到外贸公司上班，公司主要从事服装、家用纺织品的出口，小李被分配到市场部，部门经理告诉他主要工作是负责跟单，请问小李主要的工作内容和职责是什么？

小李周末找到同学小王，小王在一家生产家用空调的工厂工作，这家工厂的空调大多数是出口国外的，小王也是做出口跟单员的，请问小王和小李的工作内容相同吗？

（2）操作要求，完成表 1–3。

表 1–3　外贸公司跟单和生产企业跟单的工作内容与职责

类型	工作内容	职责
外贸公司跟单		
生产企业跟单		

实训练习

1. 单选题

（1）外贸出口跟单按业务进程可分为前程跟单、中程跟单和全程跟单三大类。前程跟单是指“跟”到（　　）环节为止？

A. 装船清关　　B. 货物入出口仓库

C. 货款到账　　D. 贸易合同履行完毕

（2）外贸跟单业务按进程分为前程跟单、中程跟单和全程跟单。全程跟单是（　　）。

A. 跟到装船为止　　B. 跟到出货为止

C. 跟到清关为止　　D. 跟到货款到账为止

（3）关于跟单员的工作重点，以下说法正确的是（　　）。

A. 主要负责业务操作全过程

B. 侧重于订单获取后对订单的执行跟踪和操作

C. 负责处理相关如商检、运输、保险的单据事务

D. 负责办理货物、运输工具、物品进出时的商检事务

（4）外贸跟单按照业务进程划分，“跟”到出口货物装船清关为止的是

（　　）。

A. 前程跟单　　B. 中程跟单　　C. 全程跟单

(5) 外贸跟单中的“单”，下列表述正确的是（　　）。

A. 装箱单　　B. 检验检疫证

C. 发票　　D. 合同与信用证项下的订单

(6) 外贸公司跟单和生产企业跟单的主要区别是（　　）。

A. 生产进度跟单　　B. 选择产品供应商

C. 包装跟单　　D. 品质跟单

2. 多选题

(1) 根据业务的进程，外贸跟单可分为（　　）。

A. 前程跟单　　B. 中程跟单

C. 进出口贸易跟单　　D. 全程跟单

(2) 跟单员的能力素质包括（　　）。

A. 综合业务能力　　B. 推销能力

C. 语言文字能力和口头表达能力　　D. 社交协调能力

(3) 跟单员的工作特点包括（　　）。

A. 较高的责任心　　B. 协调与沟通

C. 工作的综合复杂性　　D. 涉外性和保密性

(4) 关于跟单员的工作重点，以下说法不正确的是（　　）。

A. 主要负责业务操作全过程

B. 侧重于订单获取后对订单的执行跟踪和操作

C. 负责处理相关如商检、运输、保险的单据事务

D. 负责办理货物、运输工具、物品进出境时的商检事务

(5) 跟单员的知识构成包括（　　）。

A. 外贸基础知识　　B. 工厂生产与管理知识

C. 商品知识　　D. 车间机器的维修

实训项目二

进入国际市场——国际产品的认证

技能目标

- 了解外贸商品的分类情况
- 熟悉纺织面料的相关知识
- 掌握商品的质量标准体系内容
- 掌握我国的质量标准体系

工作任务　商品知识和国际产品认证

【章首案例】

大连海达进出口公司的产品认证

大连海达进出口公司跟单员李明在阿里巴巴网上获悉一条订购信息，来自德国 SANTOS TRADING Co.，Ltd.，订购订单要求"The manufacturers of the commodities must have obtained certificates of ISO9001，ISO14001 and SA8000"。ISO9001、ISO14001 和 SA8000 证书是什么？

一、外贸商品分类

商品是指用来交换、能满足人们某种需要的劳动产品。一切商品都具有价值和使用价值两种属性。商品的二重性是由劳动的二重性决定的，即具体劳动产生使用价值，抽象劳动产生价值。

1. 外贸商品的分类

（1）《商品分类及编码协调制度》。《商品分类及编码协调制度》简称《协调制度》。国际上，《协调制度》采用六位数编码。我国在六位数编码的基础上，使用的是十位数编码，前两位码代表“章”（Chapter），第三、第四位码为商品在该章的位置，上述第一至第四位码称为“节”（Heading），其后的第五、第六位码称为“目”（Sub-heading），前面六位码各国均一致，第七位码以后各国可依本身需要而定（美国及加拿大采用十位码，欧盟为八位码）。

例如全棉女式衬衫的商品编码 6206.3000.9。

（2）HS 编码中，“类”的编排原则。“类”基本上是按经济部门划分的，《协调制度》将商品分为二十一类（如表 2-1 所示）。

表 2-1 《协调制度》商品分类

门类	名目	章
第一类	活动物；动物产品	01~05
第二类	植物产品	06~14
第三类	动、植物油脂及其分解产品；精致的食用油脂；动、植物蜡	15
第四类	食品；饮料、酒及醋；烟草及烟草代用品的制品	16~24
第五类	矿产品、矿区	25~27
第六类	化学工业及相关工业的产品	28~38
第七类	塑料及其制品；橡胶及其制品	39~40
第八类	生皮、皮革、毛皮及其制品；鞍具及挽具；旅行用品、手提包及类品；动物肠线（蚕胶丝除外）制品	41~43
第九类	木及木制品；木炭；软木及软木制品；稻草、秸秆、针茅或其他编结材料制品；篮筐及柳条编结品	44~46
第十类	木浆及其他纤维状纤维素浆；纸及纸板的废碎品；纸、纸板及其制品	47~49
第十一类	纺织原料及纺织制品	50~63
第十二类	鞋、帽、伞、杖、鞭及其零件；已加工的羽毛及其制品；人造棉花；人发制品	64~67
第十三类	石料、石膏、水泥、石棉、云母及类似材料的制品；陶瓷产品；玻璃及其制品	68~70

续表

门类	名目	章
第十四类	天然或养殖珍珠、宝石或半宝石、贵金属、包贵金属及其制品；仿首饰；硬币	71
第十五类	贱金属及其制品	72~83
第十六类	机器、机器器具、电气设备及其零件；录音机及放声机、电视图像、声音的录制和重放设备及其零件、附件	84~85
第十七类	车辆、航空、船舶及有关运输设备	86~89
第十八类	光学、照相、电影、计量、检验、医疗或外科用仪器及设备、精密仪器及设备；钟表；乐器；上述物品的零件、附件	90~92
第十九类	武器、弹药及其零件、附件	93
第二十类	杂项制品	94~96
第二十一类	艺术品、收藏品及古物	97

（3）HS 编码中，“章”的编排原则。《协调制度》将商品分为 97 章，其编排原则如下：

1）商品原材料的属性原则。按商品原材料的属性分类，一般将不同原料的产品归入不同的章内。

2）加工程度的原则。章内按产品的加工程度从原料到成品顺序排列。

3）商品的用途或性能的原则。

4）注释的原则。这些注释是最终确定商品归属的依据。了解这一点对查找商品正确的归类和 HS 编码十分重要，尤其是要特别关注“注释”中的例外情况。

（4）国际危险货物分类。凡具有爆炸、易燃、毒害、腐蚀、放射性等特性，在运输、装卸和储存保管过程中，容易造成人身伤亡和财产毁损而需要特别防护的货物，均属危险货物。

《国际海上危险货物运输规则》将危险货物划分为 9 大类 24 小类，共计 2500 多种。

2. 外贸商品归类简介

（1）农产品。农产品，即活的动、植物及其产品，它涉及第一至第四类共有 24 章。但是，以上类、章不包括流动马戏团和动物园中的活动物，木材和专供某些生产行业使用的动、植物产品（如皮张、纺织用原料），这些货品应归在其他类、章里。

（2）矿产品。矿产品主要包括处于原料状态或初级加工的矿产品，它涉及第五类共有 3 章。

（3）化工产品和高分子化合物。化工产品和高分子化合物主要包括各种各样的化学品及其相关产品和塑料、橡胶制品，它涉及第六类和第七类，从第 28~40 章共有 13 章，其中，第 39 章和第 40 章分别是塑料、橡胶等高分子化合物。

（4）轻工业产品。轻工业产品包括以下两类：

1）轻工业产品涉及第八至第十类，包括从第 41~49 章，共 9 章。主要是第八类（第 41~43 章）皮革工业的产品，包括生皮、皮革及其制品和毛皮及其制品。

2）有关鞋、帽、伞、杖、鞭及其零件，已加工的羽毛及其制品，人造棉花，人发制品等是在第十二类的，内有 4 章，从第 64~67 章。

（5）纺织服装。涉及第十一类的第 50~63 章，共 14 章，按原料、半成品到制成品顺序排列（如棉花—纱线—普通织物）。在这 14 章中，可以分成两部分：第一部分从第 50~55 章，包括各种纺织原料、纱线和普通织物；第二部分从第 56~63 章，包括特种织物及各种纺织制成品。这一类范围较广，基本上包括了纺织工业上用的各种纺织原料（如丝、棉花、麻、化纤），也包括纺织行业生产的半制品（如纱线）和制品（如织物及其制成品）。

（6）陶瓷、玻璃。涉及第十三类的第 68~70 章，共 3 章。主要是石料、石膏、水泥、石棉、云母及类似材料的制品；陶瓷产品；玻璃及其制品。

（7）珠宝。涉及第十四类的第 71 章，只有 1 章。主要是天然或养殖珍珠、宝石或半宝石、贵金属、包贵金属及其制品；仿首饰；硬币。贵金属包括金、银、铂及铂族金属。

（8）贱金属及其制品。涉及第十五类的第 72~83 章，共有 12 章，其中有两个部分，第一部分从第 72~81 章，主要按金属的种类分类（如铁、铜、镍、铝、铅、锌）；第二部分为第 82 章、第 83 章，这两章是按产品的用途来分章列目的。

（9）机械、电气设备。涉及第十六类的第 84~85 章，共有 2 章。除了例外（第 84 章的电子计算机和第 85 章的电动机械工具），它们各有特点：第 84 章的货品，主要是靠机械能做功的机械、器具及其零件；第 85 章的货品，主要是靠电能做功的电气设备及其零件。

（10）运输工具及其类似设备。涉及第十七类的第 86~89 章，共有 4 章。每章包括一种类型的运输工具，分别为火车、汽车、飞机、船舶，其中的类似设备，是指集装箱、交通管理用的机械信号及控制装置、降落伞、码头等。

（11）仪器、钟表和乐器。

（12）武器、弹药、家具、灯具、艺术收藏品。涉及第十九至第二十一类的第 93 章到第 97 章，共有 5 章。其中第十九类只有第 93 章，它包括武器、弹药；第二十类共有 3 章，包括家具、灯具、活动房屋、玩具、运动用品及其他杂项制品。第二十一类也只有第 97 章，它包括艺术品、收藏品、古物。

二、纺织面料与服装

1. 面料

（1）面料的种类。面料的种类如表 2–2 所示，其主要有以下几类：

表 2–2　面料的种类

分类原则	面料名称
按面料织造方法分	梭织面料、针织面料、非织造面料
按面料成分分	全棉面料、纯化纤面料、真丝面料、全毛面料、全麻面料、混纺面料等
按面料结构分	平纹面料、斜纹面料、缎纹面料、提花面料等
按后整理程度分	原色面料（胚布）、染色面料、色织面料、印花面料、涂层面料等
按面料的厚薄分	厚型面料、薄型面料

1）梭织面料（Woven Fabric）。梭织面料也称机织物，是把经纱和纬纱相互垂直交织在一起形成的织物，其基本组织有平纹、斜纹、缎纹三种。不同的梭织面料都是由这三种基本组织变化构成的新组织。主要有雪纺、牛津布、牛仔布、斜纹布、法兰绒、花缎等。

2）针织面料（Knitted Fabric）。针织面料用织针将纱线或长丝构成线圈，再把线圈相互串套而成。由于针织物的线圈结构特征，单位长度内储纱量较多，因此大多有很好的弹性。针织面料有单面和双面之分，主要有汗布、天鹅绒、网眼布等。

针织面料可分为纬编针织物与经编针织物两大类。①纬编针织面料是将纱线由纬向喂入，同一根纱线顺序地弯曲成圈并相互串套而成的面料。最常见的毛衣即为纬编针织物。②经编针织面料线圈的串套方向正好与纬编相反，是一组或几组平行排列的纱线，按经向喂入，弯曲成圈并相互串套，例如，泳衣等。

3）非织造面料（Non-Woven Fabric）。非织造面料是由纺织纤维经黏合、熔合或其他机械、化学方法加工而成。主要有无纺布、粘合布等。

（2）面料的主要技术指标。面料的主要技术指标有下列几个方面：

1）长度指标：①经向（Warp）、经纱密度。面料长度方向的纱线称作经纱，其1英寸内纱线的排列根数为经密（经纱密度）。②纬向（Weft）、纬纱密度。面料宽度方向的纱线称作纬纱，其1英寸内纱线的排列根数为纬密（纬纱密度）。

2）经纬密度（Threads Per Unit Length）。经纬密度是用于表示梭织物单位长度内纱线的根数，一般为1英寸或10厘米内纱线的根数。我国国家标准规定使用10厘米内纱线的根数表示密度，但纺织企业仍习惯沿用1英寸内纱线的根数来表示密度。如通常见到的“45×45/108×58”表示经纱、纬纱的纱线根数（Yarn Count）分别为45根纱线，经纬密度为108、58。

3）幅宽（Fabric Width）。幅宽是指面料的有效宽度，一般习惯用英寸或厘米表示，1英寸＝2. 54厘米。常见的有窄幅36英寸、中幅44英寸、宽幅57~60英寸等，高于60英寸（152厘米）的面料为特宽幅，一般常叫作宽幅布。幅宽一般标记在密度后面，如“45×45/108×58/60”即表示面料的幅宽为60英寸。

4）克重（Fabric Weight）。面料的克重一般为平方米面料重量的克数，克重是针织面料的一个重要的技术指标，粗纺毛呢通常也把克重作为重要的技术指标。牛仔面料的克重一般用“盎司”（OZ）来表达。

5）色牢度（Colour Fastness）。色牢度是指染色或印花的织物在使用或加工过程中，经受外部因素（挤压、摩擦、水洗、雨淋、曝晒、光照、海水浸渍、唾液浸渍、水渍、汗渍等）作用下的褪色程度。色牢度好，纺织品在后加工或使用过程中不容易掉色；色牢度差，则会出现掉色、捎色或沾色等情况，造成很多麻烦。

6）尺寸稳定性（Shrinkage）。尺寸稳定性是指面料在洗涤或浸水后，面料收缩的百分数，也称缩水率。一般来说，缩水率最小的面料是合成纤维及其混纺织品；毛织品、麻织品、棉织品居中；而缩水率最大的是黏胶纤维、人造棉、人造毛类织品等。由于面料存在缩水率，使得成衣的尺寸稳定性大受影响。

（3）面料的检验。通过对面料的检验和测定，可有效地提高成衣的正品率，减少次品率，降低返修率。因此，面料检验是控制成衣生产成品质量的重要一环。

1）检验内容。①品名、数量、颜色和规格检验。面料的品名、数量、颜色和规格应当与订单上的要求一致。②外观质量检验。面料的外观质量检验，是通过实物质量检验的方法，重点检查污渍、纬斜、左中右色差、头尾色差、手感、断经、断纬、经痕、油污、色花、粗纱、色污、并经并纬、胶条、胶痕、漏胶、胶粒、缩水率等。检查时，对照原样（或买卖双方的封样，下同），采用眼看、手摸的办法。看：布面是否光洁、匀净，织纹是否清晰、饱满，边道是否平直，并与原样对照，基本符合者为一等品即合格品，明显有差异者为不合格品；摸：通过对布面接触感觉，即在手掌中紧握或松开时的感觉，评定织物硬软程度，有无身骨、平滑性和褶皱的回复程度，并与原样对照，基本符合者为一等品（合格品），明显差异者为不合格品。③内在质量。内在质量主要指面料色牢度、甲醛含量、偶氮染料、气味、pH 值五项安全指标检查以及标识和纤维成分含量是否符合合同或信用证的要求。

2）具体的检查方法。①色差检查。色差检查主要检查织物与原样色差、左中右色差、正反面色差、前后色差、匹差、批差等。色差的评定一般采用变色用灰色样卡，评定时一律以布的正面为准。②匹长检查。对于筒形包装的面料（包括里料），宜放在滚筒形量布机械架上检查，这种检查方式的好处是检验完后，材料又恢复为筒形；对于折叠包装的面料（包括里料），一般先量两折叠处之间的长度，再数一数面料折叠的层数，用两折叠之间的长度乘以折叠的层数，就可得出其匹长，然后看其匹长是否与标签的长度一致；对于以重量方式作为计算单位的针织面料，首先应选取至少三个不同的部位，测量针织面料的单位面积重量，即每平方米克重（g/m^2）。然后，根据其是定重方式（即每匹织物重量一定，一般经编针织物常采用此方式），还是定长方式（即每匹织物长度一定，一般纬编针织物常采用此方式），过秤检查时，看其重量与标签上标的重量是否一致。③幅宽检查。幅宽的检查可在检查面料匹长时同时进行，检查面料幅宽时，应做好详细记录和标识，并在入库时分别堆放。检查时应特别注意有效幅宽差值，因为面料在裁剪时有时是利用电脑设备控制的。幅宽的检查应选取至少三个不同的部位：头、中、尾。对于梭织布料，还应测量其经纬密度，即纱支规格。

2. 服装

（1）服装的种类。服装的种类如表 2–3 所示。

表 2–3　服装的种类

分类原则	服装名称
依据服装的基本形态与造型结构进行分类	体形型：体形型服装是符合人体形状、结构的服装，起源于寒带地区。这类服装的一般穿着形式分为上装与下装两部分，如西服 样式型：样式型服装是以宽松、舒展的形式将衣料覆盖在人体上，起源于热带地区的一种服装样式，如夏装 混合型：混合型结构的服装是寒带体形型和热带样式型综合、混合的形式，兼有两者的特点，如中国旗袍、日本和服等
按穿着组合分类	整件装（连衣裙）、套装（两件套、三件套、四件套）、外套（大衣、风衣、雨衣、披风）、背心（无袖服装）、裙（有一步裙、A 字裙、圆台裙、裙裤）、裤（长裤、短裤、中裤）、睡衣、衬衫
按用途分类	内衣和外衣两大类
按服装面料与工艺制作分类	中式服装、西式服装、刺绣服装、呢绒服装、丝绸服装、棉布服装、毛皮服装、针织服装、羽绒服装等

（2）服装的主要技术指标。服装的主要技术指标包含以下几个方面：

1）织物缩水率。织物缩水率是指织物在标准状态下，通过一定程度洗涤后，经纬向尺寸相对于原始尺寸的变化情况。缩水率指标为成品服装检测的首选项目。机洗应满足：①织物洗后风格不会有大的改变，如不能损伤织物强力，不引起纱线滑移纰裂和织物表面磨损起球等。②经 3 次水洗后，织物单位面积的变化率不大于 15%，由此推算经纬向缩水率各不大于 8%。

2）织物缝纫强力。织物缝纫强力是表述织物纱线的抗滑移性能（纰裂）及织物缝制后接缝强力的指标。长丝纤维织造的面料，如丝绸、仿丝绸和缎类织物，其面料由长丝纱线织造而成，长丝纤维之间的摩擦阻力远远小于短纤维，所以织物的组织规格很大程度上影响着缝纫强力。

提高织物缝纫强力的方法主要是从织物组织规格设计上考虑，提高经纬密度、纱线捻度，采用异型截面纤维等。此外，对织物施以抗纰裂整理剂在一定程度上可提高织物的缝纫强力。

3）织物断裂强力和撕破强力。织物断裂强力和撕破强力实际上是从织物纱线的角度表示织物物理机械性能的。实际测试时是在织物的经向或纬向施以定向拉伸力，在外力的作用下，纱线完全断裂时的强度，为此织物的断裂强力；撕破强力是指织物在已有撕口时纱线顺序断裂所需的最大外力。织物的这两个强力通常是成正比的。一般认为撕破强力小于 8 牛顿（N），已不适合做服装，而对服饰类的织物，往往要求断裂强力大于 200N。

4）织物色差。织物色差这项指标是将标准的比色用的灰色样卡来对比织物进行评判，并给出等级的。当织物染色时，同品种、不同批次的染色布会有批次差；连续式生产的染色布，头尾会产生色差；卷染工艺染色时，卷染织物左右张力不一致或染缸内左右温度不一致，织物的左右边会出现色差。

（3）服装的标识。服装的标识如图 2–1 所示。

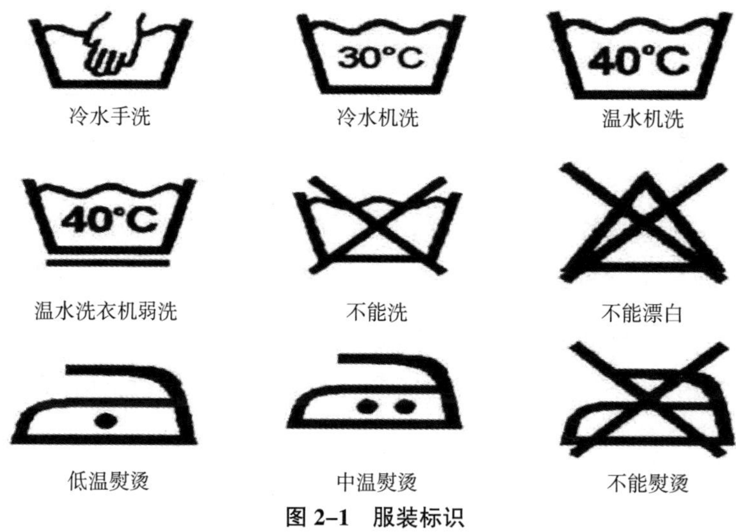

图 2–1 服装标识

（4）成衣的检验 。成衣的检验有如下两个指标：

1）规格尺寸检验。服装成品规格检验是用皮尺测量成品服装主要部位的规格尺寸，并与订单中的规格尺寸对照比较，检验误差要控制在允许范围内，并确定其缺陷类别和成品等级、服装成品规格测量部位和方法。

2）纺织服装中有害化学品和金属元素检验。欧盟公布了 2003/34/EC 和2003/36/EC 两项指令，这两项指令分别列出了 25 种和 43 种致癌、诱变及危害生育的化学物质，明确规定在服装、纱线、织物、被褥、毛毯、假发、假眉毛、帽子、尿布等卫生用品、睡袋、手套、手提袋、椅套、各种钱包、手提箱、表带、鞋类、纺织及皮革玩具和带有纺织与皮革衣着的玩具等与人体长期直接接触的多类纺织品或皮革制品中，不得使用浓度超过 30ppm 或在特定条件下会分解产生浓度超过30ppm，被禁用的23种有害芳香胺的偶氮染料。

国际生态纺织品研究和检验协会于2002年颁布生态纺织品标准100认证（Oeko-Tex Standard100）的标准，明确规定在纺织服装中不能使用某些化学物质（如过敏性染料、有害的偶氮染料）和某些金属元素材料（如铅和铅合金）。“Oeko-Tex Standard100”被纺织界称为迄今为止最严格的纺织品生态标准。

三、商品的质量标准体系及其组织

1. 国际标准的含义

国际标准是指国际标准化组织（ISO）、国际电工委员会（IEC）和国际电信联盟（ITU）所制定的标准以及ISO为促进《关贸总协定—贸易技术壁垒协议》，即标准守则的贯彻实施所出版的国际标准题内关键词索引（KWIC Index）中收录的其他国际组织制定的标准。

2. 主要国际标准组织

（1）国际标准化组织（International Standard Organization，ISO）。国际标准化组织是一个由国家标准化机构组成的世界范围的联合会，现有140个成员国。根据该组织章程，每一个国家只能有一个最有代表性的标准化团体作为其成员，我国也加入了ISO组织。

（2）国际电工委员会（International Electrotechnical Commission，IEC）。国际电工委员会起源于1904年在美国圣路易召开的一次电气大会上通过的一项决议，根据该决议，1906年成立了IEC，它是世界上成立最早的一个标准化国际机构。中国于1957年加入IEC。

国际电工委员会负责制定电工和电子产品的国际标准。IECEE是IEC内负责电工和电子产品安全认证的组织；CTL是IEC下属负责处理所采用标准的细则化测试规范和测量方法的组织；CB体系是电子电工产品按安全标准测试结果的相互承认体系。

（3）国际电信联盟（International Telecommunication Union，ITU）。国际电信联盟总部位于瑞士日内瓦，是一个联合国系统内的国际组织，是各国政府和民间领域协调全球电信网络和服务的机构。主要职责是完成国际电信联盟有关电信标准化的目标。

3. ISO 质量与环境标准体系

（1）ISO9000 概述。ISO9000 是由 ISO/TC176 技术委员会制定的涉及质量管理和质量保证的国际标准。现已被 90 多个国家采用并转化为本国的国家标准，我国 1992 年开始采用这套标准。ISO9000 不是指一个标准，而是一组标准的统称。

ISO9000 又分四种：

1）ISO9001 质量体系——设计、开发、生产、安装和服务的质量保证模式。当需要证实供方设计和生产合格产品的过程控制能力时，应选择和使用此种模式的标准。

2）ISO9002 质量体系——生产、安装和服务的质量保证模式。当需要证实供方生产合格产品的过程控制能力时，应选择和使用此种模式的标准。

3）ISO9003 质量体系——最终检验和试验的质量保证模式。当仅要求供方最终检验和试验符合规定要求时，应选择和使用此种模式的标准。

以上三种模式都是质量保证标准，用于供方证明其能力和外部（如客户、第三方）对其能力进行评定的标准。

4）ISO9004 质量管理和质量体系要素——是用于指导组织进行质量管理和建立质量体系的标准。

（2）ISO9000 对国际贸易的作用。ISO9000 对国际贸易的作用有以下几点：

1）强化质量管理，提高企业效益；增强客户信心，扩大市场份额。

2）获得国际贸易"通行证"，消除国际贸易壁垒。

3）是提高产品竞争力的重要手段之一。

4）有利于国际间的经济合作和技术交流。

（3）ISO14000 概述。1993 年 6 月，ISO 成立了第 207 技术委员会（TC207），其主要工作目的是支持环境保护，改善并维持生态环境的质量，减少人类各项活动所造成的环境污染，使之与社会经济发展达到平衡。标准标号为 ISO14001~14100，统称为 ISO14000 系列标准。

（4）ISO14000 对国际贸易的作用。采用 ISO14000 管理模式有助于提高管理者和员工的环境意识、改善企业形象、减少法律纠纷和环境投诉、申请银行贷款、降低保险费、改进工艺、提高技术水平、节能降耗、减少排污收费、避免环境事故和环保处罚、遵守环境法律法规要求，通过环境方面的竞争优势来赢得客户，提高国际竞争力，扩大市场份额等。

4. 质量体系认证

质量体系认证是经过认证机构对企业质量体系的检查和确认并颁布证书，证明企业质量保证能力符合相应要求的活动。目前最为主要的国际体系认证有国际标准化组织制定并实施的 ISO9000 质量管理体系认证和 ISO14000 环境管理体系认证；行业体系认证有 QS 汽车行业质量管理体系认证、TL9000 电信产品质量体系认证等。

5. 产品质量认证

产品质量认证是经认证合格，由认证机构颁发产品质量认证证书，并准许企业在产品或者其包装上使用该产品质量认证标志。产品质量认证包括合格认证和安全认证。

【知识链接】

CE 认证和 RoHS 指令

1. CE 认证

CE 认证，即只限于产品不危及人类、动物和货品的安全方面的基本安全要求。“CE”标志是一种安全认证标志，被视为制造商打开并进入欧洲市场的护照。凡是贴有“CE”标志的产品就可在欧盟各成员国内销售，无须符合每个成员国的要求，从而实现了商品在欧盟成员国范围内的自由流通。

在欧盟市场“CE”标志属强制性认证标志，不论是欧盟内部企业生产的产品，还是其他国家生产的产品，要想在欧盟市场上自由流通，就必须加贴“CE”标志，以表明产品符合欧盟《技术协调与标准化新方法》指令的基本要求。这是欧盟法律对产品提出的一种强制性要求。

2. RoHS 指令

欧盟议会和欧盟理事会于 2003 年 1 月通过了 RoHS 指令，即在电子电气设备中限制使用某些有害物质指令（The Restriction of the Use of Certain Hazardous Substances in Electrical and Electronic Equipment），也称 2002/95/EC 指令，2005 年欧盟又以 2005/618/EC 决议的形式对 2002/95/EC 进行了补充，明确规定了六种有害物质的最大限量值。

RoHS 指令提出的意义在于配合 WEEE 指令提倡环保节约能源。

WEEE 是《电子电气产品的废弃指令》（Waste Electrical and Electronic Equipment）的英文缩写。该指令由欧洲议会及理事会提出，欧盟成员国 2005 年 8 月 13 日起开始强制实施。其主要目的是预防废弃物的产生，其次是为方便废弃物进行再回收、再使用、再制造，减少资源浪费。

该指令旨在于使制造供货商负担起回收和再利用各自的电子电气设备的财务责任。制造商、品牌厂商（含销售自有品牌产品的零售商）、进口商和出口商都必须符合欧盟这些关于电子电气设备的新要求。从 2005 年 8 月 13 日起欧盟各国对 WEEE 及其延伸指令 2003/108/EC 公布执行。

6. SA8000 社会责任认证体系

社会责任管理体系（Social Accountability 8000，SA8000），也是国际上规范企业道德行为和社会责任的一种标准。该体系以保护劳动环境、条件和劳工权利等为主要内容，要求企业在童工、强制劳动、健康与安全、结社自由及集体谈判权利、歧视、惩戒性措施、工作时间、报酬和管理体系九个方面要满足相应的条件。SA8000 标准的适用范围是世界各地，包括任何行业和不同规模的公司。

（1）SA8000 标准主要内容，有关 SA8000 标准主要内容主要有以下几点：

1）有关核心劳工标准。①童工。公司不应使用或者支持使用童工，应与其他人员或利益团体采取必要的措施确保儿童和应受当地义务教育的青少年的教育权利，不得将其置于不安全或不健康的工作环境和条件下。②强迫性劳动。公司不得使用或支持使用强迫性劳动，也不得要求员工在受雇起始时交纳“押金”或寄存身份证件。③自由权。公司应尊重所有员工结社自由和集体谈判权。④歧视。公司不得因种族、社会阶层、国籍、宗教、残疾、性别、性取向、工会会员或政治归属等而对员工在聘用、报酬、训练、升职、退休等方面有歧视行为；公司不能允许强迫性、虐待性或剥削性的性侵扰行为，包括姿势、语言和身体的接触。⑤惩戒性措施。公司不得从事或支持体罚、精神或肉体胁迫以及言语侮辱。

2）工时与工资。①公司在任何情况下都不能经常要求员工一周工作超过 48 小时，并且每 7 天至少应有一天休假；每周加班时间不超过 12 小时，除非在特殊情况下及短期业务需要时不得要求加班；且应保证加班能获得额外津贴。②公司支付给员工的工资不应低于法律或行业的最低标准，并且必须足以满足员工的基本需求，并以员工方便的形式如现金或支票支付；对工资的扣除不能是惩罚性的；应保证不采取纯劳务性质的合约安排或虚假的学徒工制度以规避有关法律所规定的对员工应尽的义务。

3）健康与安全。公司应具备避免各种工业与特定危害的知识，为员工提供安全健康的工作环境，采取足够的措施，降低工作中的危险因素，尽量防止意外或健康伤害的发生；为所有员工提供安全、卫生的生活环境，包括干净的浴室、洁净安全的宿舍、卫生的食品存储设备等。

4）管理系统。公司高管层应根据本标准制定符合社会责任与劳工条件的公司政策，并对此定期审核；委派专职的资深管理代表具体负责，同时让非管理阶层自选一名代表与其沟通；建立适当的程序，证明所选择的供应商与分包商符合本标准的规定。

（2）SA8000 对中国出口贸易发展的影响。SA8000 对中国出口贸易发展的影响有如下几个方面：

1）对企业的影响。尽管从成本角度看，执行 SA8000 标准的企业竞争力将降低，但从获取认证可以突破国外壁垒角度看，对企业以后的发展是有帮助的。

2）对贸易的影响。SA8000 规定的标准对我国多数出口相关企业来说很难达到，很多发达国家的企业一般也不易完全达到。如果一国要求其进口产品的生产企业达到 SA8000 的要求，否则不准进口，则将对贸易产生很大的影响。

3）对投资的影响。中国近年来吸引外资的步伐较快，除了潜在的经济发展速度和市场之外，廉价的劳动力也是外商投资的动力之一。如果将劳工标准提高到 SA8000 规定的水平，对外资的吸引力将降低，跨国公司也会担心其分包商不能达标而不愿来中国投资，这对中国吸引外资将产生消极作用。

4）对国民经济发展的影响。我国是一个劳动力资源丰富的大国，劳动密集型产业的发展对我国国民经济的增长和解决就业问题具有重要意义。若企业全面达到 SA8000 的标准，则劳动力优势可能会丧失甚至变成劣势。过多剩余劳动力得不到安置必将对我国国民经济的稳定和发展造成不良的影响。

四、我国的质量标准体系

1. 我国的质量标准体系

国家质量监督检验检疫总局（AQSIQ）是我国的质量标准归口管理部门，该局下设国家标准化管理委员会，主管中国的标准化工作。其下设国家认证认可监督管理委员会，负责管理“中国强制认证”方面的工作，下设技术性贸易壁垒通报咨询中心，负责定期联系设在日内瓦的世贸组织技术贸易壁垒办公室。

2. 我国标准的分类及标准代号

我国标准的分类及标准代号如表 2–4 所示。

表 2–4 我国标准的分类及标准代号

标准	标准代号构成
国家标准	强制性国家标准代号为 GB，推荐性国家标准的代号（GB/T）+标准顺序号+发布年号 例：GB17392–1998
行业标准	行业主管部门代号+标准顺序号+发布年号 例：FZ/T73006–1995 为中国纺织总会行业推荐性标准
地方标准	DB+两位行政区划代码+标准顺序号+发布年号
企业标准	Q 加斜线再加企业代号+标准顺序号+发布年号 例：Q/JTHS O2.01–1997 锦州太和区华新食品厂标准

3. 我国安全认证

（1）CCC 认证内容。中国质量认证中心（简称 CQC）是我国最大的专业性认证机构，也是我国唯一的同时具有产品认证、质量管理体系认证、环境管理体系认证资格的综合性认证机构。

CCC 认证即是“中国强制认证”（China Compulsory Certification，CCC）。CCC 认证的标志为“CCC”，是国家认证认可监督管理委员会根据《强制性产品认证管理规定》（中华人民共和国国家质量监督检验检疫总局令第 5 号）制定的。

CCC 认证对涉及的产品执行国家强制的安全认证。主要内容概括起来有以下几个方面：

1）按照世贸组织有关协议和国际通行规则，国家依法对涉及人类健康安全、动植物生命安全和健康以及环境保护和公共安全的产品实行统一的强制性产品认证制度。国家认证认可监督管理委员会统一负责国家强制性产品认证制度的管理和组织实施工作。

2）国家强制性产品认证制度的主要特点是国家公布统一的目录，确定统一适用的国家标准、技术规则和实施程序，制定统一的标识，规定统一的收费标准。凡列入强制性产品认证目录内的产品，必须经国家指定的认证机构认证合格，取得相关证书并加贴认证标志后，方能出厂、进口、销售和在经营服务场所使用。

3）根据我国加入世贸组织的承诺和体现国民待遇的原则，公布的《第一批实施强制性产品认证的产品目录》覆盖的产品以原来的进口安全质量许可制度和强制性安全认证及电磁兼容认证产品为基础，做了适量增减，原来两种制度覆盖的产品有138种，这次公布的目录删去了原来列入强制性认证管理的医用超声诊断和治疗设备等16种产品，增加了建筑用安全玻璃等10种产品，实际列入目录的强制性认证产品共有132种。

4）国家对强制性产品认证使用统一的“CCC”标志。中国强制认证标志实施以后，将逐步取代原来实行的“长城”标志和“CCIB”标志。

5）国家统一确定强制性产品认证收费项目及标准。

6）新的强制性产品认证制度于2002年5月1日起实施。

（2）CCC认证标志。目前的“CCC”认证标志分为四类，分别为：①CCC+S安全认证标志。②CCC+EMC电磁兼容类认证标志。③CCC+S&E安全与电磁兼容认证标志。④CCC+F消防认证标志。

实训任务

1. 任务一

（1）操作资料。根据宁波华美贸易有限公司与英国客商艾斯达公司15000件女式上衣的订单（订单见实训项目三实训任务的任务一），回答问题。

（2）操作要求。要求如下：

1）宁波华美贸易公司至少要符合什么国际标准才能获得该采购单的生产权？

该国际标准的中文名称是什么?

2）该客商采购单所遵循标准的主要内容有哪些（至少写出四种）?

2. 任务二

（1）操作资料。参考沈阳东方电器制造有限公司与法国"莱塞纳"公司的订单（订单见实训项目三实训任务的任务二），完成下列内容。

（2）操作要求。要求如下：

1）根据订单，请将下列句子译成中文：

Please send us as soon as possible all the certificates of CE & RoHS, all certificates must be dated less than 2 years.

2）什么是"CE"?

3）请写出"RoHS"的全称。该指令是针对国际市场中哪个市场?是否具有强制性?

3. 任务三

（1）操作资料。Purchase Condition：

It is emphasized the tea manufacturers must meet the minimum manufacturing standards, comply with the ISO9001, ISO14000, SA8000 and other legal saftety aspects.

（2）操作要求。翻译并解释上述英文的含义。

实训练习

1. 单选题

（1）"CCC+S"是（ ）标志。

A. 安全认证 B. 电磁兼容 C. 安全与电磁兼容 D. 消防认证

（2）设计、开发、生产、安装和服务的质量保证体系是（ ）。

A. ISO9001 B. ISO9002 C. ISO9003 D. ISO9004

（3）以下不属于按性质分的标准是（ ）。

A. 行业标准 B. 技术标准 C. 工作标准 D. 管理标准

(4) CE Marking 是用（　　）标示的一种安全认证标志，是产品进入欧盟境内销售的通行证。

A. GS　　B. PV　　C. CE　　D. CC

(5) 国际标准化组织的英文简称是（　　）。

A. GE　　B. ITU　　C. IEC　　D. ISO

(6) 出口商品在用塑胶袋包装中，其要在胶袋上表明塑料种类的（　　）环保标志。

A. 三角形　　B. 再生利用　　C. 循环再生　　D. 还原

(7) 国际标准化组织章程规定，每一个国家允许有（　　）个有代表性的标准化体系作为其成员。

A. 1　　B. 2　　C. 3　　D. 4

(8) 国际体系认证主要有质量管理体系认证、环境管理体系认证和社会责任管理体系认证，其中环境管理体系认证是（　　）。

A. ISO9000　　B. ISO14000　　C. SA8000　　D. ISO9002

(9) 国家认证认可监督管理委员会根据《强制性产品认证管理规定》制定的安全认证标志为（　　）。

A. CCC+EMC　　B. CCC+F　　C. CCC+S&E　　D. CCC+S

2. 多选题

(1) 包装材料要符合环保要求，如德国的“3R”是指（　　）。

A. 可区域联网　　B. 可自然降解还原

C. 可进行循环再生处理　　D. 可再生利用

(2) 欧盟的安全标准主要涉及（　　）。

A. 卫生标准　　B. 安全标准　　C. 劳保标准　　D. 环保标准

(3) 产品质量认证包括（　　）。

A. 产地认证　　B. 合格认证　　C. 安全认证　　D. 使馆认证

实训项目三

开展交易——国际贸易合同的商订

技能目标

- 了解交易磋商的基本程序
- 熟悉国际贸易合同书的主要内容
- 掌握主要国际贸易术语的规定
- 掌握主要国际支付方式的规定
- 明确国际贸易合同成立的有效条件

工作任务　交易磋商程序与签订国际贸易合同

【章首案例】

大连海达进出口公司签订销售确认书

大连海达进出口公司去广州参加中国进出口商品交易会，澳大利亚客商 BCK 进出口有限公司（BCK Import Co., Ltd.）在广交会上对大连海达进出口公司展品牛仔女裙（Ladies Denim Skirt）十分感兴趣。于是，大连海达进出口公司经理李海、跟单员李明和 BCK 进出口有限公司经理布莱克先生（Mr. Black）进行磋商，

BCK进出口有限公司给大连海达进出口公司发来订单，大连海达进出口公司与外商签订了销售确认书。

1. 订单

BCK进口有限公司（BCK IMPORT Co., Ltd.）订单如表3-1、表3-2所示。

BCK IMPORT Co., Ltd.
38 Queensway, 2008 NSW Australia
TEL: 0086-321-657894 FAX: 0086-321-657895

表3-1 PURCHASE ORDER

<table>
<tr><td colspan="2">Order No.
2014111</td><td colspan="2">Supplier:
Dalian Haida Imp. & Exp. Co.</td><td>Style No.
MA212129</td></tr>
<tr><td colspan="3">Description:
Ladies Denim Skirt
Exactly like Artwork, but change the main label position to center back and cancel the zipper.
Fabric:
99%cotton, 1%Elastic
style:
F123 9000pcs
F125 9000pcs
Washing:
blue-grey like our sample no.MA212090
Changing:
Please put the BCK hangtag not in center back, but in seam.
Please print at the back side
Care label:
Product from BCK 2008 NSW/AUSTRALIA</td><td colspan="2">Packing:
Flat pack without folding 6 pieces assorted sizes per polybag, 3 polybags in a master polybag and then into an export carton, 6pcs (1/36、2/38、2/40、1/42) ×3 lots×1000cartons=18000pieces
Colour: Blue/grey
Marking of the cartons:
As per our information
Hangtag: BCK
Main Label: BCK
Care Label:
With correct composition& washing instruction</td></tr>
<tr><td>Samples:
Counter samples:
3 pieces in size 38 ex Dalian Mar. 15, 2014
Photo samples:
2 pieces in size 38 ex Dalian Apr. 15, 2014</td><td colspan="3">Payment:
By irrevocable L/C payable by beneficiary's drafts at sight and remain valid in China for further 15 days after shipment.
Price Terms:
AUD7.00 per piece
CIF Sydney</td><td>Delivery Date:
2014.5.30 Ex Dalian by sea/ Maersk To Sydney, Australia with partial and transshipment allowed
Delivery Address:
BCK Imp. Co., Ltd.
Attn: Ken</td></tr>
<tr><td colspan="4">Shipping agent:
National Containers Ltd.</td><td></td></tr>
</table>

表3-2 牛仔女裙规格

Denim skirt	36	38	40	42
A. waist	36	38	40	42
B. waist height	4	4	4	4
C.hip, 18cm incl. waistband, straight	47	49	51	53

续表

Denim skirt	36	38	40	42
D. bottom complete round measured	209	213	217	221
E. length at CF	58	58	58	58
F. back length at CB	60	60	60	60

Purchase Conditions:

It is prohibited to import and sell the goods which involves work by children, in an exploiting, health-endangering or slave-like manner, forced labor or exploitative prison work in Australia.

2. 销售确认书

大连海达进出口公司销售确认书如下所示：

大连海达进出口公司
DALIAN HAIDA IMPORT & EXPORT CORPORATION
132 ZHONGSHAN ROAD DALIAN CHINA
销售确认书
SALES CONFIRMATION

TEL:（0411）26588877　　S/C No: HD266
FAX:（0411）26588876　　DATE: Mar. 8. 2014

To Messrs:

BCK IMPORT Co., Ltd.
38 QUEENSWAY, 2008 NSW AUSTRALIA

敬启者：兹确认售予你方下列货品，其成交条款如下：

Dear Sirs,

We hereby confirm having sold to you the following goods on terms and conditions as specified below:

唛头 SHIPPING MARK	货物描述及包装 DESCRIPTIONS OF GOODS PACKING	数量 QUANTITY	单价 UNIT PRICE	总值 TOTAL AMOUNT
BCK HD266 SYDNEY C/No.: 1-UP	Ladies Denim Skirt Fabric: 99%cotton, 1%Elastic Colour: blue-grey	18000PCS	FOB Dalian AUD7.00	AUD126000.00

TOTAL: SAY AU DOLLARS ONE HUNDRED TWENTY SIX THOUSAND ONLY.

装运港：
LOADING PORT: DALIAN PORT, CHINA
目的港：
DESTINATION: SYDNEY PORT, AUSTRALIA

装运期限：
TIME OF SHIPMENT: LATEST DATE OF SHIPMENT MAY 30, 2014

分批装运：
PARTIAL SHIPMENT：ALLOWED

转船：
TRANSSHIPMENT：ALLOWED

保险：
INSURANCE：TO BE EFFECTED BY THE BUYERS AT 110% OF INVOCE VALUE COVERING ALL RISKS AND WAR RISK AS PER CHINA INSURANCE CLAUSES.

付款条件：
TERMS OF PAYMENT：BY IRREVOCABLE AND IRREVOCABLE L/C PAYABLE BY BENEFICIARY'S DRAFTS AT SIGHT AND REMAIN VALID IN CHINA FOR FURTHER 15 DAYS AFTER SHIPPING.

买方须于 2014 年 4 月 10 日前开出本批交易的信用证（或通知售方进口许可证号码），否则，售方有权不经过通知取消本确认书，或向买方提出索赔。

The Buyer shall establish the covering Letter of Credit（or notify the Import Number）before APR. 10，2014，falling which the Seller reserves the right to rescind without further notice，or to accept the whole or any part of this Sales Confirmation non-fulfilled by the Buyer，or to lodge claim for direct losses sustained，if any.

品质/数量异议：如买方提出索赔，凡属品质异议须于货到目的口岸之 60 日内提出，凡属数量异议须于货到目的口岸之 30 日内提出，对所装货物所提任何异议属于保险公司、轮船公司等其他有关运输或邮递机构责任，卖方不负任何责任。

QUALITY /QUANTITY DISCREPANCY：In case of quality discrepancy，claim should be filed by the Buyer within 60 days after the arrival of the goods at port of destination；while for quantity discrepancy，claim should be filed by the Buyer within 30 days after the arrival of the goods at port of destination. It is understood that the seller shall not be liable for any discrepancy of the goods shipped due to causes for which the Insurance Company，Shipped Company，other transportation organization/or Post Office are liable.

本确认书内所述全部或部分商品，如因人力不可抗拒的原因，以致不能履约或延迟交货，卖方概不负责。

The Seller shall not be held liable for failure of delay in delivery of the entire lot or a portion of the goods under this Sales Confirmation in consequence of any Force Majeure incidents.

买方请在开给卖方的信用证上填注本确认书号码。

The Buyer is requested always to quote THE NUMBER OF THIS SALES CONFIRMATION in the letter of Credit to be opened in favour of the Seller.

买方收到本售货确认书后请立即签回一份，如买方对本确认书有异议，应于收到后 5 日内提出，否则认为买方已同意接受本确认书所规定的各项条款。

The buyer is requested to sign and return one copy of the Sales Confirmation immediately after the receipt of same. Objection，if any，should be raised by the Buyer within five days after the receipt of this Sales Confirmation，in the absence of which it is understood that the Buyer has accepted the terms and condition of the sales confirmation.

买方： THE BUYER：	卖方： THE SELLERS：

3. 信用证

很快买方开来信用证，信用证如下所示：

IRREVOCABLE DOCUMENTARY CREDIT

SEQUENCE OF TOTAL	*27:	1/1
FORM OF DOC.CREDIT	*40 A:	IRREVOCABLE
DOC.CREDIT NUMBER	*20:	AB111
DATE OF ISSUE	31 C:	140320
DATE AND PLACE OF EXPIRY	*31 D:	DATE 140615 AT BENEFICIARY'S COUNTER
APPLICANT	*50:	BCK IMPORT Co., Ltd. 38 QUEENSWWAY, 2008 NSW AUSTRALIA
ISSUING BANK	52 A:	ANZ BANKING 161 QUEENSWAY NSW 211 AUSTRALIA
BENEFICIARY	*59:	DALIAN HAIDA IMPORT& EXPORT CORPORATION 132 ZHONGSHAN ROAD DALIAN CHINA
AMOUNT	*32 B:	CURRENCY AUD AMOUNT 126000.00
AVALIABLE WITH/BY	*41 D:	ANY BANK AT BENEFICIARY'S COUNTER BY NEGOTIATION
DRAFTS AT ...	42 C:	DRAFTS AT SIGHT
DRAWEE	42 A:	ANZ BANKING
PARTIAL SHIPMENTS	43 P:	ALLOWED
TARNSSHIPMENT	43 T:	ALLOWED
PORT OF LOADING	44 E:	DALIAN PORT
PORT OF DISCHARGE...	44 F:	SYDNEY PORT
LATEST DATE OF SHIPMENT	44 C:	140530
DESCRIPT OF GOODS	45 A:	LADIES DENIM SKIRT AS PER ORDER NO.2014111 CIF SYDEY
DOCUMENTS REQUIRED	46 A:	+COMMERCIAL INVOICE IN TRIPLICATE. +PACKING LIST IN TRIPLICATE. +FULL SET OF CLEAN ON BOARD MARINE BILL OF LADING MADE OUT TO THE ORDER OF SHIPPER AND BLANK ENDORSED, MARKED 'FREIGHT PREPAID', NOTIFY APPLICANT +INSURANCE POLICY/CERTIFICATE IN TRIPLICATE.
CHARGES	71 B:	ALL BANKING CHARGES OUTSIDE AUSTRALIA ARE FOR ACCOUNT OF BENEFICIARY.
PERIOD FOR PRESENTATION	48:	DOCUMENTS MUST BE PRESENTED WITHIN 15 DAYS AFTER THE DATE OF SHIPMENT BUT WITHIN THE VALIDITY OF THE CREDIT.

一、交易磋商的基本程序

1. 询盘

询盘是准备购买或出售商品的人向潜在的供货人或买主探询该商品的成交条件或交易的可能性的业务行为，它不具有法律上的约束力。

询盘的内容可以涉及某种商品的品质、规格、数量、包装、价格和装运等成交条件，也可以索取样品，其中多数是询问成交价格，因此在实际业务中，也有人把询盘称作询价。如果发出询盘的一方，只是想探询价格，并希望对方开出估价单，则对方根据询价要求所开出的估价单，只是参考价格，它并不是正式的报价，因而也不具备发盘的条件。

在国际贸易业务中，发出询盘的目的，除了探询价格或有关交易条件外，有时还表达了与对方进行交易的愿望，希望对方接到询盘后及时作出发盘，以便考虑接受与否。这种询盘实际上属于邀请发盘，邀请发盘是当事人订立合同的准备行为，其目的在于使对方发盘，询盘本身并不构成发盘。

询盘不是每笔交易必经的程序，如交易双方彼此都了解情况，不需要向对方探询成交条件或交易的可能性，则不必使用询盘，可直接向对方作出发盘行动。

2. 发盘

（1）发盘的含义。发盘又称发价或报价，在法律上称为要约。根据《联合国国际货物销售合同公约》第 14 条第 1 款的规定："凡向一个或一个以上的特定的人提出的订立合同的建议，如果其内容十分确定并且表明发盘人有在其发盘一旦得到接受就受其约束的意思，即构成发盘。"发盘既可由卖方提出，也可由买方提出，因此，有卖方发盘和买方发盘之分。后者习惯上称为递盘。

（2）构成发盘的要件。构成发盘的要件主要有以下几点：

1）发盘内容必须十分确定。根据《联合国国际货物销售合同公约》第 14 条第 1 款的规定，发盘的内容必须十分确定。所谓十分确定，指在提出的订约建议中，至少应包括下列三项基本要素：标明货物的名称；明示或默示地规定货物的价格或确定货物的价格的方法；明示或默示地规定货物的数量或规定确定数量的方法。凡包括上述三项基本要素的订约建议，即可构成一项发盘。如该发盘被对方接受，买卖合同即告成立。

在这里需要特别指出的是，订约建议中关于交货时间、地点及付款时间、地点等内容虽然没有提到，但并不妨碍它作为一项发盘，因而也不妨碍合同的成立。因为，发盘中没有提到的其他条件，在合同成立以后，以双方当事人建立的习惯做法及采用的惯例予以补充。

构成一项发盘应包括的内容，各国的法律规定不尽相同。有些国家的法律对合同的主要条件，如品名、品质、数量、包装、价格、交货时间与地点以及支付办法等，都有完整、明确的规定，并不得附有任何保留条件，以便受盘人一旦接受即可签订一项对买卖双方均有约束力的合同。《联合国国际货物销售合同公约》关于发盘内容的上述规定，只是对构成发盘的起码要求。在实际业务中，如发盘的交易条件太少或过于简单，会给合同的履行带来困难，甚至引起争议。因此，在对外发盘时，最好将品名、品质、数量、包装、价格、交货时间、地点和支付办法等主要交易条件一一列明。

2）标明经受盘人接受发盘人即受约束的意思。必须标明发盘人对其发盘一旦被受盘人接受即受约束的意思。发盘时订立合同的建议，这个意思应当体现在发盘之中，如发盘人只是就某些交易条件建议同对方进行磋商，而根本没有受其建议约束的意思，则此项建议不能被认为是一项发盘。例如，发盘人在其提出的订约建议中加注诸如“仅供参考”、“须以发盘人的最后确认为准”或其他保留条件，这样的订约建议就不是发盘，而只是邀请对方发盘。

3）发盘的有效期。在通常情况下，发盘都具体规定一个有效期，作为对方表示接受的时间限制，超过发盘规定的时限，发盘人即不受约束，当发盘未具体列明有效期时，受盘人应在合理时间内接受才能有效。何谓“合理时间”，需根据具体情况而定。根据《联合国国际货物销售合同公约》的规定，采用口头发盘时，除发盘人发盘时另有声明外，受盘人只能当场表示接受，方为有效。

4）发盘生效的时间。发盘生效的时间有各种不同的情况：以口头方式作出的发盘，其法律效力自对方了解发盘内容时生效。以书面形式作出的发盘，关于其生效时间，主要有两种不同的观点与做法。一是发信主义，即认为发盘人将发盘发出的同时，发盘就生效；另一种是受信主义，又称到达主义，即认为发盘必须到达受盘人时才生效。我国执行受信主义做法。

3. 还盘

还盘又称还价，在法律上称为反要约。

受盘人的答复如果在实质上变更了发盘条件，就构成对发盘的拒绝，其法律后果是否定了原发盘，原发盘即告失效，原发盘人就不再受其约束。对发盘表示有条件地接受，也是还盘的一种形式。

4. 接受

（1）接受的含义。接受在法律上称为承诺，它是指受盘人在发盘规定的时限内，以声明或行为表示同意发盘提出的各项条件。可见，接受的实质是对发盘表示同意。

（2）构成接受的要件。接受的要件有：①接受必须由受盘人作出。②接受必须是同意发盘所提出的交易条件。③接受必须在发盘规定的时效期内作出。④接受送达发盘人。

二、 国际贸易合同的形式

经过交易磋商，当事人一方提出的发盘，经对方有效接受，合同即告成立。双方在磋商过程中的往返函电，就是合同的书面证明。但是在国际贸易中，一般还要用书面形式或成交确认书将贸易双方的权利、义务及各项交易条件明文规定下来，便于检查执行。

按照国际惯例，货物买卖合同没有特定的形式限制，常见的书面形式有正式的合同（Contract）、确认书（Confirmation）、协议（书）（Agreement）、备忘录（Memorandum）、订单（Order）、委托订购单（Lndent）等。目前，我国主要使用正式合同和确认书两种，它们分别适应不同的需要。虽然在格式上、条款项目上和内容的繁简上这两种方式有所不同，但在法律上具有同等效力，对买卖双方均有约束力。为了方便客户方操作，双方签字的订单和形式发票在实际业务中也使用较多。

1. 销售合同

合同的内容需要比较全面详细，除了包括交易的主要条件如品名、规格、数量、包装、价格、交货、支付外，还应包括保险、商品检验、索赔、仲裁、不可抗力等条款。卖方草拟的合同称为“销售合同”（Sales Contract），买方草拟的合同称为“购货合同”(Purchase Contract)。

2. 销售确认书

确认书是合同的简化形式。卖方出具的确认书称为“售货确认书”(Sales Confirmation),买方出具的确认书称为“购货确认书”(Purchase Confirmation)。确认书的法律效力与合同完全相同。

3. 订单

订单是采购商向供应商发出的订货单 (Purchase Order),也是针对该合同所做出的邀约,如果对方做出承诺,则该合同成立。

4. 协议书

在法律上,协议是合同的同义语。当双方当事人把经协商达成一致的交易条件归纳为书面形式时,我们就称之为“协议”。其内容中对买卖双方当事人的权利和义务作了明确、具体和肯定的规定,所以这样的协议具有法律效力。

5. 形式发票

出口商有时应进口商的要求,发出一份列有出售货物的名称、规格、单价等非正式参考性发票,供进口商向其本国贸易管理当局或外汇管理当局申请进口许可证或批准给予外汇支付、开立信用证等之用,这种发票叫作形式发票(Proforma Invoice)。形式发票不是一种正式发票,不能用于托收和议付,它所列的单价等,也仅仅是进口商根据当时情况所作的估计,对双方都无最终的约束力,所以说形式发票只是一种估价单,正式成交还要另外重新缮制商业发票。然而,现在有很多国外的客户是很少签正式出口合同的,因此形式发票往往就起着合同的作用,所以还须将可能产生分歧的条款一一详列清楚,要买方签字确认。

三、国际贸易合同的主要内容

1. 约首

约首是合同的首部,包括合同的名称、合同号、订约日期、行约地点、买卖双方的名称和地址及序言等内容。

2. 正文

(1) 商品的品名和品质条款。商品的品名条款是国际贸易的买卖合同中主要条款之一，是买卖双方交接货物的一项基本依据，它关系到买卖双方的权利和义务。若卖方交付的货物不符合约定的品名或说明，买方有权提出损害赔偿要求，直至拒收货物或撤销合同。因此，列明成交商品的具体名称，具有重要的法律和实践意义。

国际货物买卖合同中的品名条款并无统一的格式，通常都在“商品名称”或“品名”（Name of Commodity）的标题下，列明交易双方成交商品的名称，也可不加标题，只在合同的开头部分，列明交易双方同意买卖某种商品的文字。

商品品质是国际货物买卖合同中重要的条款之一，合同中的品质条件是买卖双方交接货物的依据。如卖方交货不符合约定的品质条件，买方有权要求赔偿和宣告合同无效。在规定品质条款时，用词要简单、明确、具体，不要使用“大约”等含糊的字眼，这样容易引起纠纷。同时要从生产实际出发，防止把品质条款订得过高或过低，给生产或交货造成困难。在国际贸易中，不同的商品有各自的特点，描述商品品质的方法也各不相同。表示商品品质的方法主要有两类，即实物表示法和文字说明表示法。在实际的业务中，凡能用一种方法表示品质的，一般就不宜同时用两种或两种以上的方法来表示。如我国某出口公司与德国一公司签订一份出口小麦的合同。合同规定：水分最高为15%，杂质不得超过3%。成交前我方向买方寄过样品。货到德国后，买方向我方提交了货物的质量比样品低的检验证明，并要求我方对货物减价。而我方认为合同中仅规定了凭规格交货，并未规定凭样品发货，因此拒绝降价。由于我方寄送样品并没有说明是参考样品，致使对方认为此笔交易是既凭规格又凭样品买卖。所以在寄送样品时，应明确规定样品的作用。

（2）商品的数量条款。商品的数量是以一定度量衡表示的商品的重量、个数、长度、面积、体积、容积的量。如果卖方交货数量少于约定的数量，卖方应在规定的交货期届满前补交，如卖方交货数量大于约定的数量，买方可以拒收多交的部分。

出口合同中的数量条款要明确采用何种计量单位，还要明确使用何种度量衡制度。如果在表述中不明确合同采用的是什么制式，往往会发生歧义。如每个国家对“吨”的规定不同，有英制“长吨”（1016千克）、美制“短吨”（907千克）

与“公吨”（1000 千克）等。在签订数量条款时，还要区别使用不同的计量方法。常用的净重是指货物的实际重量，毛重是指货物重量加包装的重量。对有些单位价值不高的商品经常采用按毛重计量的方法，但如果在合同数量条款中没有明确规定是否以毛作净，货物的重量应按净重确定。例如，某公司出口农产品，合同规定大豆是 200 公吨，每 20 公斤单层新麻袋包装。卖方是用以毛作净的计量方法，但合同中没有明确。当出口公司办理结汇手续时，收到买方来电，称卖方所交货物扣除皮重后实际重量不足 200 公吨，要求按照净重计算价格，并退回因短量多收取的货款。

（3）商品的包装条款。商品的包装一般是指为了有效保护商品的品质完好和数量完整，采用一定的方法将商品置于合适容器的一种措施。商品的包装是保护商品在流通过程中品质完好和数量完整的重要条件。

对包装的规定要明确具体，在签订合同条款时，应明确包装条款的包装材料、包装方式、包装规格、标志和费用等内容。在国际贸易中，由于各国国情不同以及文化差异的存在，对商品的包装材料、结构、图案及文字标识等要求不同，为了有利于出口，我们应该了解这些规定。如美国人对日用商品使用强烈刺激性的包装色调有反感，对内衣、化妆品、香皂等与皮肤接触的日用商品，包装色彩不能用红色，只能用白色等淡雅的颜色；阿拉伯国家规定进口商品的包装禁用六角星图案，因为六角星与以色列国旗中的图案相似。各国对运输包装中的包装材料管理严格，如果违反，不仅无法进口还会遭受相应的惩罚。如美国为了防止植物病虫害的传播，禁止使用稻草来做包装材料；菲律宾海关规定，进口的货物禁止用麻袋以及稻草、草席等材料包装。

（4）商品的价格条款。国际货物买卖合同的价格条款包括单价和总价两项内容。单价主要包括计量单位、单位价格金额、计价货币名称和国际贸易术语。签订合同应注意合理确定成交价格，采用适当的贸易术语，选择有利的计价货币，列明具体的作价方法，以保证风险小而利润大。

在合同中订立价格条款应当注意以下问题：①明确计价货币的名称，如美元、日元、澳元、欧元等。②贸易术语的选择要准确、完整，与合同中其他条款相一致。因为贸易术语不但代表货物的价格构成，而且确定买卖双方责任、费用、风险的划分。国际上有三种国际惯例对贸易术语进行了解释，它们是国际商会的《国际贸易术语解释通则》，国际法协会的《华沙—牛津规则》，美国一些商业团体制定的《1941 年美国对外贸易定义修订本》，它们的规定不尽相同，因此为了避免理解上的分歧，合同中应当明确规定适用哪一种惯例。一般情况下，我国的对外贸易合同大都采用国际商会《国际贸易术语解释通则》。③灵活运用各种不同的作价办法，尽可能避免承担价格变动的损失。在外贸合同中，正确选择和运用价格条款，对贯彻对外贸易政策，完成进出口任务，节约外汇支出或增加外汇收入等方面有重要意义。

（5）商品的装运条款。装运条款的主要内容包括装运期、装运港、目的港、是否允许分批装运与转运、装运通知以及装卸时间、装卸率和滞期费、速遣费等。根据不同的贸易术语，装运的要求是不一样的，所以应该依照贸易术语来确定装运条款。

（6）商品的支付条款。国际货物买卖合同的支付条款主要包括支付工具、支付方式、支付时间和地点等。

国际贸易支付工具主要是货币和票据。货币用于计价、结算和支付。票据包括汇票、本票和支票。

国际贸易支付方式主要有汇付、托收和信用证。汇付方式是进口商按合同约定的条件和时间，通过银行或其他途径，将货款汇交出口商的支付方式；托收方式是出口商开出汇票连同货运单据委托出口地银行通过进口地代收银行向进口商收款的方式。

汇付和托收属于商业信用支付方式，信用证是银行根据进口商的请求，开给出口商的一种保证承担支付货款责任的凭证。信用证方式由银行承担保证付款和提交货物所有权单据的责任，属银行信用支付方式。

国际货物买卖的付款地点，通常为付款人或其指定银行所在地。

（7）货运保险条款。保险条款主要内容包括确定投保人、支付保险费、投保险别和保险期限等。投保人、保险责任与保险费用的负担往往由当事人选择的贸易术语所决定，如 FOB 合同中，买方自行投保，自负费用，承担货物在指定装运港越过船舷之后的一切风险和费用，卖方承担货物越过船舷之前的风险和费用。关于保险险别和保险期限双方应在合同中标明。

（8）商品检验检疫条款。在对外货物买卖合同中商品检验条款的内容主要包括检验时间、地点、检验方式和标准、检验机构与检验证书、复验期，复验机构与复验地点、检验权和复验权等。

(9) 不可抗力条款。不可抗力条款实际上也是一项免责条款。不可抗力条款是指在合同签订后，不是由于当事人的过失或疏忽，而是由于发生了当事人所不能预见的、无法避免和无法预防的意外事故，以致不能履行或不能如期履行合同，遭受意外事故的一方可以免除履行合同的责任或可以延期履行合同，另一方无权要求损害赔偿。

(10) 索赔条款。索赔条款的主要内容为一方违约，对方有权提出索赔。这是索赔的基本前提。此外还包括索赔依据、索赔期限等。索赔依据主要规定索赔必备的证据及出证机构。若提供的证据不充足、不齐全、不清楚，或出证机构未经对方同意，均可能遭到对方拒赔。

(11) 仲裁条款。仲裁条款是双方当事人自愿将其争议提交第三者进行裁决的意思表示。仲裁条款的主要内容有仲裁机构、适用的仲裁程序规则、仲裁地点及裁决效力。在国际贸易实践中，仲裁机构、仲裁地点都由双方约定产生，仲裁程序规则一般由选择的仲裁机构决定，仲裁裁决的效力一般是一次性的、终局的，对双方都有约束力，凡订有仲裁协议的双方，不得向法院提起诉讼。

3. 约尾

约尾是合同的结尾部分，包括合同适用的法律、惯例，合同的有效期、合同的有效份数及保管办法、合同使用的文字及其效力、双方代表的签字等内容。有时，缔约地点、缔约时间也出现在约尾。

四、国际贸易合同成立的有效条件

1. 国际贸易合同成立的法律要件

国际贸易合同的成立，必须符合法律规范，方为有效，即合同必须具备某些法律条件，主要包括以下几点：

(1) 合同当事人具有行为能力。进出口双方在法律上必须具有签订合同的资格。一方面，就我国的进出口商而言，只有政府批准有外贸经营权的企业才能就其有权经营的商品对外达成买卖合同；另一方面，对方的进出口商也应具备签订进出口合同的能力和资格，具体条件依据其本国法律确定。由于进出口贸易主要是企业之间的行为，而企业的行为必须通过自然人（有权的代理人）来实现。因此，应确定签订进出口合同的企业代表是否具有行为能力。第一，签字的自然人必须是其企业的授权代表；第二，签字人不能是未成年人或精神病患者。

（2）当事人之间必须达成协议，这种协议按照自愿和真实的原则通过发盘与接受而达成。

（3）合同必须有对价和合法的约因。对价是英美法系的一种制度，是指合同当事人之间所提供的相互给付，即双方互为有偿。约因是法国法所强调的，是指当事人签订合同所追求的直接目的。在买卖合同中，对价表现为一方所享有的权利是以另一方负有的义务为基础，双方应互有权利和义务。如卖方交货是为了得到买方的货款，而买方支付货款是为了获得卖方提交的货物。通过交易，买方得到货物，卖方得到货款，这就是买卖双方签订合同的约因。买卖合同只有具备了对价或约因，才能有效，否则，就不受法律保护。

（4）合同的标的和内容必须合法。任何合同的订立，必须保证不违法及不违背或危害国家的公共政策，否则无效。

（5）双方当事人的合意必须真实。合同是双方当事人意思表示一致的结果，如果是在当事人意思表示的内容有错误或意思表示不一致的情况下或是在受欺诈或胁迫下签订的合同，各国法律的处理有所区别。根据我国的相关法律，行为人对行为内容有重大误解的，一方有权请求人民法院或仲裁机关予以变更或撤销，采取欺诈或者胁迫手段订立的合同无效。

2. 订单评审

为了使顾客在质量、价格、交货期等方面的要求得到识别和满足，公司对顾客要求予以评审，确保有能力履行合同要求。订单评审的目的包括评审订单执行的可行性；分析订单的短期效益和长期效益，考虑风险；判断企业的生产能力、生产进程以及技术水平能否保证完成订单；确定是否要外发加工，保证质量和交货期。

订单评审有三种结果：可能实施的订单，要及时安排订单、打样、生产等部门制订生产计划，安排生产实施，保证如期交货；无法执行的订单，应及时通知客户，合理解释，避免误会，争取客户的谅解；需要做必要修订方可实施的订单，应及时与客户协商，征询修改意见，得到客户确认，双方认可后方可实施。

订单评审的内容及注意事项：

（1）收到客户订单，首先应审单。确认产品名称、规格、数量、单价、金额、交期、交货方式、单价条款、包装要求。

（2）产品名称、规格、数量的审查。客户传真来的订单很多时候只有英文或只有一些产品代码，这时首先要找到相对应的资料册，查出产品的中文名称及规格。

（3）单价、金额审查。客户下订单时，有时会把单价标出，这时应查看单价条款是否打印有误，同时复核金额有否差错，如果有错则应该在改正的同时通知对方，请客户及时确认，如果客户下单时没有标出价格，则应查出对应价格，计算出金额，并请客户确认。

（4）数量。明确计量单位和短溢装的百分比要求，一般在 3%~5%。同时确认客户的订单数量。

（5）交货期的审查。客户下单时一般有具体交货期要求，偶尔也会有没有规定交货期的。但无论客户是否规定交货期，均需要根据订单数量和生产产能及准备状况报给客户实际的工厂交货期。遇到急单，尽量插单，不能插单则跟客户协商后确定交货期。

（6）付款方式的审查。审查内容主要看客户的付款方式是否是本单位可以接受的方式。如果接到不能接受的付款方式，应及时通知客户修改为可以接受的付款方式。

在出口贸易中常用的有 TT（电汇：进口商请本地银行通过电信手段通知出口方所在地银行给出口方）和 L/C（信用证）。信用证是相对最可靠的付款方式。

（7）单价条款的审查。单价条款的审查主要审查订单的单价是否为对应单价条款。比如 CIF 价（卖方报价包括货物的成本、海运保险费及将货物运至目的地的运费）、CFR 价（卖方报价包括货物运至指定目的地的运输费在内）、FOB 价（出口方承担货物运至指定工具前的一切费用和风险）、工厂交货价（卖方在工厂将货物交给买方时完成交货，买方承担在卖方所在地受领货物的全部总费用和风险）等。不同的单价条款对应不同的单价，不能混用。

（8）包装要求的审查。审查客户的包装要求是否能够满足，客户提供的包装资料是否齐全，是否有明显错误。客户的包装资料一般包括内包装、外包装、标签、说明书等，纺织品包装主要是外包装，包括主唛和侧唛。

(9) 交货方式的审查。交货方式主要有空运、海运、陆运、邮寄等。纺织品一般采用海运，费用相对便宜。如果客户在内陆加工成衣后再出口，那么也会出现内陆陆运。

五、跟单信用证审核内容

1. 出口商审证的主要依据

审核信用证是指对国外进口方通过银行开来的信用证内容进行全面审核，以确定是接受还是修改。理论上讲，国外来证应与买卖合同相符。但在很多实际业务中，买方开来的信用证并非与合同完全相符。分析原因无外乎有两种：工作疏忽或故意。无论哪种原因造成不符，都会给卖方履行合同、安全收汇造成隐患。对此，出口商必须提高警惕，注意做好对国外来证的审核。审核信用证的主要依据是买卖双方签订的贸易合同、国际贸易惯例、《UCP600》和进口国有关法规的规定。

2. 出口商审证的重点项目

审证的基本原则就是要求信用证条款与合同的规定相一致，除非事先征得我方出口企业的同意，在信用证中不得增减或改变合同条款的内容。审核信用证是银行（通知行）与出口企业的共同责任，只是各有侧重。业务中，银行重点审核开证行的政治背景、资信能力、付款责任、索汇路线及信用证的真伪等。出口企业则着重审查信用证的内容与买卖合同是否一致，具体包括以下几个方面：

(1) 银行审证。银行审证有如下几点：

1）从政策上审核。主要看来证各项内容是否符合我方的方针政策以及是否有歧视性内容，以便根据不同情况向开证行交涉。

2）对开证行的审核。主要对开证行所在国家的政治经济状况，开证行的资信、经营作风等进行审查。对于资信欠佳的银行应酌情采取适当的保全措施。

3）对信用证性质与开证行付款责任的审核。出口业务中，我方不接受带“可撤销”字样的信用证；对于不可撤销的信用证，如附有限制性条款或保留字句，使“不可撤销”名不副实，应要求对方修改。

（2）出口企业审证。出口企业只需作复核性审核，其审证重点主要应放在下述几项：

1）对信用证金额与货币的审核。即审核信用证金额是否与合同金额一致，大、小写金额是否一致。如合同订有溢短装条款，信用证金额是否包括溢装部分金额；信用证使用的货币是否与合同规定的计价和支付货币一致。

2）对有关货物条款的审核。主要是对商品的品质、规格、数量包装等依次进行审核，如发现信用证内容与合同规定不一致，不应轻易接受，原则上要求改证。

3）对信用证的装运期、有效期和到期地点的审核。信用证的装运期必须与合同的规定相同；信用证的有效期一般规定在装运期限后 7~15 天，以方便卖方制单。关于信用证的到期地点，通常要求规定在中国境内，对于在国外到期的信用证，我们一般不接受，应要求修改。

4）对开证申请人、受益人的审核。开证申请人的名称和地址应仔细审核，以防错发错运。受益人的名称和地址也须正确无误，以免影响收汇。

5）对单据的审核。主要对来证中要求提供的单据种类、份数及填制方法等进行审核，如发现有不正常规定或我方难以办到的应要求对方修改。

6）对其他运输条款、保险、商检等条款的审核。即仔细审核信用证对分批装运、转船、保险险别、投保加成以及商检条款的规定是否与合同一致，如有不符，应要求对方修改。

7）对特殊条款的审核。审证时，如发现超越合同规定的附加或特殊条款，一般不应轻易接受，如对我方无太大影响，也可酌情接受一部分。

3. 审证的方式

（1）全面审核信用证。全面审核信用证是审核信用证的中心工作、重点工作。全面审核信用证要做到以下几点：

1）根据合同条款来全面审核信用证条款。按照合同上的签约人、商品描述、价格条款、支付条款、装运条款、保险条款、合同金额、商检、仲裁等全部内容，全面仔细地审核信用证的受益人名称、品名、价格、货币、金额、包装、运输方式、装运路线、装期、效期、交单期、信用证到期地点、保险险别、投保加成等详细具体规定的信用证条款，把合同条款与信用证条款一一对应起来审核，逐条检查信用证条款是否符合合同条款的规定，发现信用证规定有不符合合同的规定，一定要与进口方联系。如果信用证条款与合同条款不一致，但不会给出口方带来不利，要求进口方书面确认修改合同条款即可；如果信用证条款与合同条款不一致，会对出口方产生不利影响，出口方应该要求进口方按照合同条款对信用证条款进行修改。

2）根据信用证知识来审核合同，检查合同条款是否有缺陷，为顺利执行合同条款把好最后的关口。如果发现合同条款有缺陷，此时，可利用最后的修补机会，对不利于顺利履约、不利于我方顺利取得相应的单据结汇的信用证条款加以修改，即使该信用证条款与合同条款一致，也应与进口方协商，要求修改合同、修改信用证，在货物装运前，解决问题，以保证安全结汇。

（2）着重审核信用证。信用证是一项独立的约定，一般来说，受益人按照信用证规定要求去执行，就应取得相应的单据，议付结汇。但是，有的信用证在开出之时就被设置了条款陷阱，就是常说的“软条款”。信用证软条款是比较常见的信用证风险，它限制了出口方对信用证操作的主动权，出口人在履约操作过程中，很难获得或者根本就不能获得符合信用证规定的单据，威胁到信用证收汇的安全。“软条款”的表现形式多种多样，如执行信用证的主动权被进口方掌握，装船需要进口方的指示；结汇单据依赖进口方提供；收取货款需要进口方同意；信用证条款与要求不配套，单据条款与操作条款不衔接，相关规定自相矛盾。如果接受信用证“软条款”，出口企业必然承担相应的收汇风险，当然，也不是说所有的信用证“软条款”都必须要求修改，出口企业可根据市场、客户资信、产品、运输及“软条款”的具体要求等实际情况，区别对待不同条件下的“软条款”。对确实需要修改的信用证“软条款”，应与客户协商，要求修改信用证，在收到相关信用证修改前，出口方应谨慎行事。

实训任务

1. 任务一

（1）操作资料。宁波华美贸易有限公司（Ningbo Huamei Trading Co., Ltd.，简称"宁波华美贸易"）是一家从事服装进出口的公司。2012 年 4 月 10 日，该公司收到了长期合作的英国客商（伦敦）艾斯达进出口公司［Esidia（London）Co., Ltd.，简称"艾斯达公司"］15000 件女式上衣的采购单。

Esidia（London）Trading Co., Ltd.
18th Floor International Bldg. No.5 Roll Street London, U.K.
Tel：0044 20 87943570　Fax：0044 20 87940287

Purchase order

No.：ES20120189
Date：10th Apr, 2012

SUPPLIER：Ningbo Huamei Trading Co., Ltd.
ADDRESS：18F No.12 East Beijing Rd, Ningbo, China
ATTN：EILEEN
+ 86 574 28675543（Direct Tel No）
+ 86 574 28675566（Direct Fax No）
FROM：EVA
We hereby confirm the following goods on terms and conditions stated as below:

■ **DESCRIPTION OF GOODS（货物描述）**

Ladies coat, style no.：118899
Shell：woven（机织物）twill（斜纹）100% cotton 22′×18′/130×64 stone washed
Lining：100% polyester（涤纶）230T（经纬密度总和）
Padding：100% polyester, body 120g/m², sleeve 100g/m².

■ **SIZE/COLOR ASSORTMENT（尺寸与颜色搭配）**　　Unit：piece

Color and size	S	M	L	XL	XXL	Total
khaki	2000	2000	2000	1000	1000	8000
grey	2000	2000	2000		1000	7000

Size Specification	S	M	L	XL	XXL	Tolerance
1/2 chest	60cm	62cm	65cm	68cm	71cm	±1cm
1/2 waist	57cm	59cm	62cm	65cm	68cm	±1cm

续表

Size Specification	S	M	L	XL	XXL	Tolerance
1/2 hip	62cm	64cm	67cm	70cm	73cm	±1cm
1/2 bottom	64cm	66cm	69cm	72cm	75cm	±1cm
Shoulder	85cm	85cm	85cm	88cm	88cm	±1cm
Armhole straight	25cm	25.5cm	26cm	26.5cm	27cm	±0.5cm
Sleeve length	62cm	62cm	62cm	62cm	62cm	±1cm

Far-east (China) Shipping Co., Ltd.
Contact person: Jackey Wu
jackeywu@eleechina.com
Address: No. 60, West Taihe Road, Ningbo, China
Tel: + 86 574 5688 1234-230
Fax: + 86 574 5688 1237
Call: 15857412345

■ UNIT PRICE（单价）

- USD 45.00 per piece CFR Southampton, USD 675000 in total

■ DELIVERY（交货）

- Latest Ship: 18th June, 2012.

- All goods should be delivered to our shipping agent, Far-east, in Ningbo. Their working hours are 8:00-18:00 from Monday to Friday. Detail as following:

- Partial Shipment and Transhipment are not allowed.

■ PORT OF LOADING（装运港）

- Ningbo, China P.R.

■ PORT OF DESTINATION（目的港）

- Southampton, U.K

■ QUANTITY & AMOUNT（数量与金额）

- 15400 pcs

- USD 63720

- 5% more or less in quantity and amount will be allowed.

■ TERMS OF PAYMENT（付款）

- Please send us by e-mail your pro-forma invoice with shipment date, volume, p/o no., description, quantity, prices... name and address of Beneficiary & your Bank's information and Account Number.

- 20% of the goods value as deposit in advance by T/T, 70% L/C at 30days after B/L date opened through a bank acceptable to the Seller valid in China until 20 July, 2012.

■ PACKING（包装）

- Each piece of coat is packed in a polybag, 10 pieces into an export carton, solid color and size in the same carton.

Maximum size of export cartons (cm):

Length	Width	Height
66	48	variable

- Packed in strong export carton and suitable for long distance ocean transportation. In case cartons are damaged during transporation, Far-east will inform the supplier to bring extra empty cartons to replace damaged cartons at their cost.

- The Maximum Weight of any packed carton MUST NOT EXCEED 25Kg (safe handling weight).

– Only ONE colour, ONE size per carton (solid colour & solid size). Colors and sizes can be different in a carton if quantities are not enough, but need to be clearly marked.

– The individual polybag should be sealed with the self-adhesive sealing flaps (自粘封条).

■ MARKS (唛头)

– The side and main marks have to be printed on each outer/export carton containing the goods that you are going to ship. Main marks printed in black ink to be fixed on two long sides, including ESIDIA, destination, P. O. no., colour, size, quantity of carton, carton no. Side marks printed in black ink to be fixed on two short sides, including N.W., G.W., measurement and origin of goods.

■ SAMPLES (样品)

– The following items must be sent by DHL and will advise dispatch details to the buyer immediately.

Type of Sample	Quantity	ETA Southampton
Lab dips	2 pieces size L, and 2 pieces size XL, Khaqi	2 days after the contract date
Approval samples	2 pieces in size M, grey	3 weeks after the contract
Pre-production samples	3 pcs size M	Waiting for our instruction
Size/color set samples	1 piece for each color of each size	Before delivery

The pre-production samples could be made after the fabric has been tested and passed by SGS (Ningbo Branch).

– Any fabric or colour swatches submitted for approval must be of a minimum size of 10cm × 10cm.

– All samples must be sent by DHL to our international department at the following address:

18th Floor International Bldg
No.5 Roll Street
76011 London, U.K.

– The cost of speed courier will be paid by supplier.

– Please do not forget to enclose a detailed commercial invoice indicating "samples with no commercial value".

■ INSURANCE (保险)

– To be covered by the buyer.

– Pls advise the buyer detailed information of dispatch two days before shipment.

■ OTHER CONDITIONS (其他)

– In case of late shipment, the following penalties will be deducted from total amounts.

From 7 to 10 days: 1% of goods values.
From 11 to 15 days: 3% of goods values.
From 16 to 21 days: 5% of goods values.

– The shrinkage (缩水率) of fabric must be below 5% in any color.

– The color fastness of fabric (色牢度) must be 3–4.

– All garments' manufacturers must meet the minimum manufacturing standards (i.e. SA8000) AZO-colors embroidery and nickel press button are prohibited.

– Shipment must be in full container load, less than container load (LCL) is not permitted.

– Place of performance and court of jurisdiction: London, U.K.

SUPPLIER: BUYER:

(2) 操作要求。具体操作要求如下:

1) 请以宁波华美贸易有限公司跟单员的身份,根据订单填写表 3-3。

表 3–3　订单规定的内容

订单号	项目名称	订单规定的内容
ES20120189	货物规格	
ES20120189	样品要求	
ES20120189	支付方式	
ES20120189	包装要求	
ES20120189	运输条件约定	

2）请以宁波华美贸易有限公司跟单员的身份，根据订单和补充材料拟订一份销售确认书，要求内容完整、正确并签章。

补充材料：①合同号：HM20120534。②合同日期：2012 年 4 月 15 日。

宁波华美贸易有限公司
Ningbo Huamei Trading Co., Ltd.
18F No.12 East Beijing Rd, Ningbo, China

TEL:　　　　销售确认书　　　　S/C No.:
FAX:　　　　SALES CONFIRMATION　　　　DATE:

To Messrs:
敬启者：兹确认售予你方下列货品，其成交条款如下：
Dear Sirs,
We hereby confirm having sold to you the following goods on terms and conditions as specified below:

唛头 SHIPPING MARK	货物描述及包装 DESCRIPTIONS OF GOODS, PACKING	数量 QUANTITY	单价 UNIT PRICE	总值 TOTAL AMOUNT

装运港：
LOADING PORT:
目的港：
DESTINATION:
装运期限：
TIME OF SHIPMENT:
分批装运：
PARTIAL SHIPMENT:
转船：
TRANSSHIPMENT:
保险：
INSURANCE:
付款条件：
TERMS OF PAYMENT:

买方须于2010年5月25日前开出本批交易的信用证（或通知售方进出口许可证号码），否则，售方有权不经过通知取消本确认书，或向买方提出索赔。

The Buyer shall establish the covering Letter of Credit (or notify the Import License Number) before MAY. 25.2010 falling which the Seller reserves the right to rescind without further notice, or to accept whole or any part of this Sales Confirmation non-fulfilled by the Buyer, or to lodge claim for direct losses sustained, if any.

品质/数量异议：如买方提出索赔，凡属品质异议须于货到目的口岸之___日内提出，凡属数量异议须于货到目的口岸之___日内提出，对所装货物所提任何异议属于保险公司、轮船公司等其他有关运输或邮递机构责任，卖方不负任何责任。QUALITY /QUANTITY DISCREPANCY: In case of quality discrepancy, claim should be filed by the Buyer within____days after the arrival of the goods at port of destination; while for quantity discrepancy, claim should be filed by the Buyer within______days after the arrival of the goods at port of destination. It is understood that the seller shall not be liable for any discrepancy of the goods shipped due to causes for which the Insurance Company, Shipped Company other transportation organization/or Post Office are liable.

本确认书内所述全部或部分商品，如因人力不可抗拒的原因，以致不能履约或延迟交货，卖方概不负责。

The Seller shall not be held liable for failure of delay in delivery of the entire lot or a portion of the goods under this Sales Confirmation in consequence of any Force Majeure incidents.

买方请在开给卖方的信用证上填注本确认书号码。

The Buyer is requested always to quote THE NUMBER OF THIS SALES CONFIRMATION in the letter of Credit to be opened in favour of the Seller.

买方收到本售货确认书后请立即签回一份，如买方对本确认书有异议，应于收到后5日内提出，否则认为买方已同意接受本确认书所规定的各项条款。

The buyer is requested to sign and return one copy of the Sales Confirmation immediately after the receipt of same, Objection, if any, should be raised by the Buyer within five days after the receipt of this Sales Confirmation, in the absence of which it is understood that the Buyer has accepted the terms and condition of the sales confirmation.

买方：
THE BUYER:

卖方：
THE SELLER:

2. 任务二

（1）操作资料。沈阳东方电器制造有限公司（简称“东方电器”，下同）是一家从事电吹风生产的专业厂家。2012年3月，法国“莱塞纳”公司经过实地考察和筛选，有意从“东方电器”采购家用小型电吹风，并于4月7日向“东方电器”下达了采购单，同时随附了“莱塞纳”公司的相关要求。为了完成采购单上的订单任务，“东方电器”指派跟单员李明具体负责跟单。

请以跟单员李明的身份仔细阅读该订单，分析“莱塞纳”公司的具体要求，并一一落实，完成跟单任务。

LUCERNA TRADING Co., Ltd.

20th Floor International Bldg. No.341 Fuyuan Road, 125-Ka, Namdaeminoon Ro.,
Chung-Ku 75011 Paris France
Tel: 00331 43 57 0226
Fax: 00331 43 57 0287

PURCHASE ORDER

LUCERNA **Purchase order No.:** LU09005 Refrence No.: CB3788N21C
Date: 7th Apirl, 2012 Signed at:

Supplier: DONGFANG ELECTRIC Co., Ltd.
SHENYANG, LIAONING, CHINA
Ship to: MARSEILLES, FRANCE

We plan to purchase the under-mentioned goods. All terms and conditions are as follows:

Model No.	Customer Item No.	Specification And Description	QTY (PCS)	Unit Price	Amount
				FOB DALIAN	
MT201Y	378		1800	USD2.90/PC	USD5220.00
MT202Y	379		1800	USD2.90/PC	USD5220.00
MT203Y	380		1800	USD2.90/PC	USD5220.00
MT204Y	381	electric hair dryer VOLTAG: 220-240V POWER: 2000W	1800	USD2.90/PC	USD5220.00
		Total	7200	USD2.90/PC	USD20880.00

Total value in capital: SAY US DOLLARS TWENTY THOUSAND, EIGHT HUNDRED AND EIGHTY ONLY.

(1) Shipment: BY SEA.

(2) Delivery time: 8th JUNE, 2012.

(3) Payment: 20% deposit remitted before 16th Apirl, 2012, balance against B/L copy by fax.

(4) Insurance: By LUCERNA.

(5) Discrepancy and Claim: In case of quality discrepancy, claim should be filed by the LUCERNA within 30 days after the arrival of the goods at port of destination, while for quantity discrepancy, claim should be filed by the LUCERNA within 15 days after the arrival of the goods at port of destination. It is understood that the Supplier shall not be liable for any discrepancy of the goods shipped due to causes for which the Insurance Company, Shipping Company, other transportation organization or Post Office are liable.

(6) Please sign and return the Purchase Order to us by Fax before 15th Apirl, 2012.

(7) 5% more or less in quantity and amount will be allowed.

Signature by (the Supplier): ______ Signature by (the Buyer): ______

LUCERNA TRADING Co., Ltd.

DEAR SUPPLIER,

PLEASE FIND HEREAFTER ALL REQUIRED INFORMATION WE NEED TO START THE FOLLOW UP OF THE ORDER.

(1) Payment (支付) (PRO–FORMA INVOICE AND BANKING DETAILS).

– Please send us by E–mail your pro–forma invoice with shipment date, volume, p/o no., description, quantity, prices ... Name and address of Beneficiary & your Bank and Account Number.

– 20% as deposit in advance by T/T, shipment based on passing our QC inspection and balance against copy of B/L by fax.

(2) INSPECTION (检验).

–You must send us your "the progress of work book" (进度作业书) by E–mail so that we can make the inspection in your factory 7 days before shipment.

– If necessary we will ask you to send another set of samples to the laboratory in Hong Kong for initial testing. Please wait for our instructions.

– The checker number (depends on the supplier) must be stamped (盖章) on the hangtag (吊牌), not printed, please check the stamp sample beside, diameter (直径) of the circle must be 1 cm.

– The price on the hangtag must be in bold face (粗体字) and clearly read.

Please send us the draft (草稿) for confirmation before production.

检验员
03

(3) SAMPLES (样品).

– The samples include pre–production sample, bulk production sample. Two pieces per model of pre–production samples will be sent us before production (one to Hong Kong office and the other to French office) One piece per model bulk production samples will be sent us before shipment.

– The bulk production sample that you send must be exactly the same as production.

– Sent by speed courier (DHL) to the following address (Important for sending to France, the final airport is Bordeaux Merignac Airport, not Paris Airport):

C.D.L
74 rue Sedaine
76011 Bergerac city
France

– The cost of speed courier will be paid by supplier.

– For both, please do not forget to enclose a detailed commercial invoice indicating "samples with no commercial value".

(4) CERTIFICATES (认证).

– Please send us as soon as possible all the certificates of CE & ROHS, all certificates must be dated less than 2 year.

(5) MARKS (MAIN & SIDE) (唛头).

– The side and main marks have to be printed on each outer/export carton containing the goods that you are going to ship.

– Main marks printed in black ink to be fixed on two sides, including LUCERNA, destination, P.O.no., model no., quantity of carton, carton no.

– Side marks printed in black ink to be fixed on two sides, including G.W., N.W., carton size and original of goods.

(6) PACKING (包装与装箱).

– 1 PC per polybag and inner box, 12 PCS/CTN, standard export carton must be strong.

– shipped by 1×40′container.

– The recycle mark must be printed in black ink on all the inner & outer cartons and polybags.

- 1hangtag per electric hair dryer.

(7) SHIPPING DOCUMENTS（装运单据）.

- Within 2 days after shipment date, please send invoice, packing list and B/L via E-mail or fax to international department of LUCERNA.

（2）操作要求。具体操作要求如下：

1）请以沈阳东方电器制造有限公司跟单员李明的身份，根据订单填写表 3-4。

表 3-4 订单规定的内容

订单号	项目名称	订单规定的内容
LU09005	货物规格	
LU09005	样品要求	
LU09005	支付方式	
LU09005	包装要求	
LU09005	运输条件约定	

2）请以沈阳东方电器制造有限公司跟单员李明的身份，根据订单和补充材料拟定一份销售确认书，要求内容完整、正确及签章。

补充材料：①合同号：DF2012056。②合同日期：2012 年 4 月 8 日。③沈阳东方电器制造有限公司。地址：沈阳市东陵区宏业街 100 号。电话：（024）3263606。传真：（024）3263607。

售货确认书

SALES CONFIRMATION

编号：
No.:
日期：
DATE:
买方：
The Buyer:

卖方：
The Seller:

兹经买卖双方同意按照以下条款由买方购进卖方售出以下商品：

This Contract is made by and between the Buyer and the Seller, where by the Buyer agree to buy, and the Seller agree to sell the under-mentioned goods as per the terms and conditions stipulated below:

唛头 Shipping Marks	商品名称及规格、包装 Name of Commodity and Specification, Packing	数量 Quantity	单价 Unit Price	总价 Total Amount
TOTAL				

TOTAL AMOUNT IN WORDS：
装运期限：
Time of Shipment：
装运港：
Port of Loading：
目的港：
Port of Destination：
分批装运：
Partial Shipment：
转船：
Transshipment：
付款条件：
Terms of Payment：
运输标志：
Shipping Marks：
保险：
Insurance：
仲裁：

Arbitration：All disputes arising from the execution of，or in connection with this Sales Confirmation，shall be settled amicably through friendly negotiation. In case no settlement can be reached through negotiation，the case shall then be submitted to China International Economic and Trade Arbitration Commission，Shanghai Commission for arbitration in accordance with Rules of Arbitration of China International Economic and Trade Arbitration Commission. The award made by the Commission should be accepted as final and binding upon both parties.

REMARKS：

本确认书内所述全部或部分商品，如因人力不可抗拒的原因，以致不能履约或延迟交货，卖方概不负责。

The Seller shall not be held liable for failure of delay in delivery of the entire lot or a portion of the goods under this Sales Confirmation in consequence of any Force Majeure incidents.

卖方： THE SELLER：	买方： THE BUYER：

3. 任务三

（1）操作资料。在中国国际茶博览交易会上，日本客商山田商社对福建省卢安茶业公司的乌龙茶十分感兴趣，并将该企业的产品介绍和乌龙茶样品带回日本。山田商社经其客户的确认，决定向卢安茶业公司发盘，通过邮件发出采购订单。卢安茶业公司收到发盘后，对交货的数量、时间和价格确认无误后，接受发盘的全部条件，并由业务经理陈立先生拟订销售确认书一式两份，将双方的权利、义务等明文规定下来。陈立先生将拟订的销售确认书送经理核准后签章，并寄给山田商社会签章。山田商社对合同核准无误后签章，双方各持一份作为履行合同的依据。

山田商社订单：

FROM: YAMADA TRADE CORPORATION
36-7, KAWARA MACH OSAKA JAPAN
TEL: 0286-1321-7894 FAX: 0286-1321-7895
PURCHASE ORDER NO. 18012
SHIPPING TERMS CIF OSAKA
CURRENCY OF PURCHASE ORDER: USD
DESCRIPTION OF GOODS:
CHINESE WULONG TEA GRADE 48000 KGS USD5.50/KG USD264000.00
ART. NO. 9372

SALES BY SAMPLE, THE QUALITY LATITUED IS MOISTURE BETWEEN 1.5%-7.5%, ASH NOT EXCEEDING 0.5. VENDOR WILL SEND SAMPLES TO EDF IMPORT CO. FOR APPROVAL WITHIN 7 DAYS AFTER THE ACCEPTANCE OF THIS ORDER.

SHIPPING MARKS:

MAIN MARKS TO INCLUDE BUYER'S NAME, ORDER NO. DESTINATION AND CARTON NO.

SIDE MARKS TO INCLUDE GROSS WEIGHT, NET WEIGHT, SIZE OF CARTON AND COUNTRY OF ORIGIN.

PARTIAL AND TRANSHIPMENT ARE NOT ALLOWED.

PAYMENT TERMS: BY T/T IN ADVANCE SHIPMENT

PACKING: PLEASE PACK IN CARTON OF 15KGS NET EACH

SHIPPING REQUIREMENTS: THE GOODS TO BE SHIPPED IN CONTAINER AUG.2015 FROM FUZHOU PORT TO OSAKA PORT.

VENDOR ALSO NEEDS TO PRESENT THE FOLLOWING CERTIFICATES:
(a) PHYTOSANITARY CERTIFICATE
(b) SANITARY CERTIFICATE
(c) CERTIFICATE OF ORIGIN

PURCHASE CONDITION:

It is emphasized the tea manufacturers must meet the minimum manufacturing standards, comply with the ISO9001, ISO140000, SA8000 and other legal saftety aspects.

This is the end of purchase order.

（2）操作要求。卢安茶业公司拟订销售确认书。

补充资料：①合同号：FT09021。② 合同日期：2015 年 1 月 31 日。

卢安茶业公司
LUAN TEA FA CORPORATION
12 ZHONGHAI ROAD LUAN FUJIAN CHINA

TEL: 0593-6618066　　销售确认书　　S/C No.:
FAX: 0593-6618065　　SALES CONFIRMATION　　DATE:

To Messrs:
敬启者：兹确认售予你方下列货品，其成交条款如下：
Dear Sirs,
We hereby confirm having sold to you the following goods on terms and conditions as specified below:

唛头 SHIPPING MARK	货物描述及包装 DESCRIPTIONS OF GOODS, PACKING	数量 QUANTITY	单价 UNIT PRICE	总值 TOTAL AMOUNT

装运港:
LOADING PORT:
目的港:
DESTINATION:
装运期限:
TIME OF SHIPMENT:
分批装运:
PARTIAL SHIPMENT:
转船:
TRANSSHIPMENT:
保险:
INSURANCE:
付款条件:
TERMS OF PAYMENT:

凡以 CIF 条件成交的业务，保额为发票价的 110%，投保险别以售货确认书中所开列的为限，买方如果要求增加保额或保险范围，应于装船前经卖方同意，因此而增加的保险费由买方负责。

For transactions conclude on C.I.F basis, it is understood that the insurance amount will be for 110% of the invoice value against the risks specified in Sales Confirmation. If additional insurance amount or coverage is required, the buyer must have consent of the Seller before Shipment, and the additional premium is to be borne by the Buyer.

品质/数量异议：如买方提出索赔，凡属品质异议须于货到目的口岸之__日内提出，凡属数量异议须于货到目的口岸之__日内提出，对所装货物所提任何异议属于保险公司、轮船公司等其他有关运输或邮递机构责任，卖方不负任何责任。

QUALITY/QUANTITY DISCREPANCY: In case of quality discrepancy, claim should be filed by the Buyer within______days after the arrival of the goods at port of destination; while for quantity discrepancy, claim should be filed by the Buyer within_____days after the arrival of the goods at port of destination. It is understood that the seller shall not be liable for any discrepancy of the goods shipped due to causes for which the Insurance Company, Shipped Company, other transportation organization/or Post Office are liable.

本确认书内所述全部或部分商品，如因人力不可抗拒的原因，以致不能履约或延迟交货，卖方概不负责。

The Seller shall not be held liable for failure of delay in delivery of the entire lot or a portion of the goods under this Sales Confirmation in consequence of any Force Majeure incidents.

买方收到本售货确认书后请立即签回一份，如买方对本确认书有异议，应于收到后 5 日内提出，否则认为买方已同意接受本确认书所规定的各项条款。

The buyer is requested to sign and return one copy of the Sales Confirmation immediately after the receipt of same. Objection, if any, should be raised by the Buyer within five days after the receipt of this Sales Confirmation, in the absence of which it is understood that the Buyer has accepted the terms and condition of the sales confirmation.

卖方: THE SELLER:	买方: THE BUYER:

实训练习

1. 单选题

(1) 按照 C 组术语成交，货物启运后的风险由（　　）负担。

A. 卖方　　B. 买方　　C. 承运方　　D. 保险公司

(2)《2010 年通则》解释的贸易术语有（　　）。

A. 6 种　　B. 9 种　　C. 11 种　　D. 13 种

(3) 还盘是对发盘的一种拒绝，是受盘人向原发盘人提出的一项（　　）。

A. 新接受　　B. 新询盘　　C. 新承诺　　D. 新发盘

(4) 制定关于贸易术语的国际贸易惯例的目的是（　　）。

A. 提供可使用的贸易术语　　B. 成为交易双方的习惯做法

C. 统一对贸易术语的解释　　D. 形成国际贸易法

(5) 按照《2010 年通则》的规定，以 FOBST 成交，买卖双方风险的划分界限是（　　）。

A. 货交承运人　　B. 货物在装运港越过船舷

C. 货物在目的港卸货后　　D. 装运码头

(6) 在下列贸易术语中，应该由买方办理出口手续的是（　　）。

A. FOB　　B. EXW　　C. FAS　　D. FCA

(7) 象征性交货意指卖方的交货义务是（　　）。

A. 不交货　　B. 既交单又实际性交货

C. 凭单交货　　D. 实际性交货

(8) CIF 条件下的货物在运输过程中发生承保范围内的损失，由卖方办理保险，（　　）根据保险单向保险公司索赔。

A. 卖方　　B. 买方　　C. 船方　　D. 承运人

(9) 接受到达发盘人后，以下表述正确的是（　　）。

A. 受盘人因故可撤销接受　　B. 受盘人因故可撤回接受

C. 受盘人因故可修改接受内容　　D. 以上都不能

（10）我国出口业务采用的书面合同主要采用两种形式，其中内容较简单的是（　　）。

A. 销售合同　　B. 合同　　C. 确认书　　D. 销售确认书

2. 多选题

（1）建立贸易业务信函的内容主要包括（　　）。

A. 信息来源　　B. 本公司经营范围、经营方式及规模

C. 本公司产品特点及良好品质　　D. 建立业务关系的意愿

（2）下列对 FCA、CPT、CIP 三种贸易术语正确的表述是（　　）。

A. 适合任何一种运输形式　　B.卖方保证货物到达对方

C. 货交第一承运人即完成交货任务　　D. 卖方要办理货物的出口手续

（3）磋商的主要内容包括（　　）等合同条款。

A. 品名与品质　　B. 数量与包装

C. 价格与支付方式　　D. 装运

（4）CIF 贸易术语是象征性的，下列表述正确的是（　　）。

A. 目的地交货　　B. 交货义务表现为提供全套合格单据

C. 买方获取合格单据后即应付款　　D. 卖方按时装运并保证目的地交货

（5）发盘人因市场变化需要撤回发盘，其条件是可用更快捷的方法将原发盘撤回，其（　　）收盘人。

A. 撤回通知要用同一种发送形式到达　　B. 撤回通知要先于发盘到达

C. 撤回通知要与发盘同时到达　　D. 撤回通知要用纸质形式到达

（6）贸易术语中，（　　）风险划分以货交第一承运人为界，并适用于各种运输方式。

A. FAS　　B. CPT　　C. CIF　　D. CIP

（7）CIF 和 DES 两种术语的主要区别有（　　）。

A. 进口报关的责任不同　　B. 风险划分的界限不同

C. 出口报关的责任不同　　D. 交货的地点不同

（8）交易磋商的一般程序包括（　　）环节。

A. 询盘　　B. 发盘　　C. 还盘　　D. 接受

（9）书面合同不论采取何种方式，其基本内容通常包括（　　）。

A. 约首部分　　B. 正文部分

C. 约尾部分　　D. 合同适用的法律

(10) 一方对另一方的发盘表示接受，可采取的方式有（　　）。

A. 书面　　B. 行为

C. 口头　　D. 缄默

实训项目四

选择生产——委托加工、自行生产

技能目标

- 了解出口商审核信用证业务的基本程序
- 熟悉出口商审证的主要依据与基本内容
- 掌握出口商选择生产企业的基本途径
- 掌握出口商选择生产企业的主要方法

工作任务　选择生产加工企业与加工合同签订

【章首案例】

大连海达进出口公司选择生产企业签订牛仔女裙合同

大连海达进出口公司通过商务网站等各种信息途径，收集服装加工生产企业，了解生产企业的商业信誉、生产规模、生产设备和技术水平等信息。根据收集到的信息，对各生产企业的商业信誉、生产规模、生产设备和技术水平等条件进行分析，最后选定辽阳华瑞服装厂为牛仔女裙加工生产单位。为此，双方经过洽谈，达成一致后签订了加工生产合同（如表 4-1 所示）。

表 4–1　加工合同

加工合同

编号：TXT888
签订日期：2014 年 3 月 25 日

甲方：辽阳华瑞服装厂
地址：辽宁省辽阳灯塔市花家街 11 号
电话：0419–86737169

乙方：大连海达进出口有限公司
地址：中国大连中山路 132 号
电话：（0411）26588877

双方为开展来料加工业务，经友好协商，特订立本合同。

第一条　加工内容

乙方向甲方提供加工全棉弹力牛仔女裙（蓝灰色，36、38、40、42）所需的原材料，甲方将乙方提供的原材料加工成产品后交付乙方。

第二条　交货

乙方在 2014 年 4 月 15 日向甲方提供 22032 米原材料，并负责运至辽阳车站交付甲方；甲方在 2014 年 5 月 26 日前将加工后的成品 18000 件负责运至大连港口交付乙方。

第三条　来料数量与质量

乙方提供的原材料需含 2%的备损率，并符合工艺单的规格标准。如乙方未能按时、按质、按量提供给甲方应交付的原材料，甲方除对无法履行合同不负责外，还得向乙方索取停工待料的损失。

第四条　加工数量与质量

甲方如未能按时、按质、按量交付加工产品，应赔偿乙方所受的损失。

第五条　加工费与付款方式

甲方为乙方进行加工的费用，每条牛仔女裙人民币 15 元。乙方结汇后 45 天向甲方支付全部加工费。

第六条　运输

乙方将成品运交甲方指定的地点，运费由乙方负责。

第七条　不可抗力

由于战争和严重的自然灾害以及双方同意的其他不可抗力引起的事故，致使一方不能履约时，该方应尽快将事故通知对方，并与对方协商延长履行合同的期限。由此而引起的损失，对方不得提出赔偿要求。

第八条　仲裁

本合同在执行期间，如发生争议，双方应本着友好方式协商解决。如未能协商解决，提请中国上海仲裁机构进行仲裁。

第九条　合同有效期

本合同自签字日起生效。本合同正本一式两份，甲乙双方各执一份。

本合同如有未尽事宜，或遇特殊情况需要补充、变更内容，须经双方协商一致。

甲方：（盖章）　辽阳华瑞服装厂合同专用章
委托代理人：周华
日期：2014 年 3 月 25 日

乙方：（盖章）：　大连海达进出口有限公司合同专用章
委托代理人：李明
日期：2014 年 3 月 25 日

一、生产企业的要素和分类

1. 生产企业的要素

所谓企业，是指从事生产、流通、服务等经济活动，实行自主经营、自负盈亏、独立核算、依法成立的基本经济组织。

生产企业是最早出现的企业，它是指为满足社会需要并获得盈利从事工业性生产经营活动或工业性劳务活动、自主经营、自负盈亏、独立核算并且有法人资格的经济组织。

生产企业应具备的要素包括：拥有一定数量、一定技术水平的生产设备和资金；具有开展一定生产规模经营活动的场所；具有一定技能、一定数量的生产者和经营管理者；从事社会商品的生产、流通等经济活动；进行自主经营，独立核算，并具有法人地位；生产经营活动的目的是获取利润。

2. 生产企业的分类

（1）按投资人的出资方式和责任形式分为：个人独资企业、合伙企业、公司制企业。公司制企业又分为有限责任公司和股份有限公司。

（2）按投资者的地区不同分为：内资企业，外资企业和港、澳、台商投资企业。

（3）按所有制结构可分为：全民所有制企业、集体所有制企业和私营企业、外资企业。

（4）按股东对公司所承担责任不同分为：无限责任公司、有限责任公司、股份有限公司。

（5）按公司地位类型可分为：母公司、子公司。

（6）按规模可分为：特大型企业、大型企业、中型企业、小型企业和微型企业。

（7）按经济部门可分为：农业企业、工业企业和服务企业。

（8）按生产依据分为计划型和订单型。

二、选择生产企业的方法

外贸跟单员在商务情报有限的情况下，如何正确判断一个生产企业的真实经营情况，落实好订单，保证按时、按质交货，对外贸公司来讲就显得更为重要。

1. 跟单员分析判断的基本方法

跟单员虽然可以从被调查企业的营业执照、财务审计报告、损益表、资产负债表等财务报表中定量分析企业生产经营能力及经营条件，但仍不能就此做出企业生产经营能力及经营条件状况好坏的结论，仍然需要跟单员作更精确的分析和判断。跟单员应深入被调查企业，进行“望、闻、问、切”工作。

（1）望。跟单员应特别注意供应商、生产企业的经营背景和风险。

（2）闻。闻主要是了解供应商、生产企业的实力。在信息非常发达的今天，企业无法完全垄断信息，跟单员可以通过当地新闻、广播、报纸、互联网等媒体及周边企业了解这家企业的经营状况。

（3）问。问主要是调查供应商、生产企业的管理情况。问企业发展目标（战略目标）。了解企业制定的发展目标是否符合国家的产业政策、是否符合企业的实际情况。问企业投资策略。看企业投资业务是否过于分散、投资业务比重是否过大、是否过度大规模扩张等。

（4）切。切主要是掌握供应商、生产企业的现金流情况，现金流是企业的“血液”。企业利润可以粉饰，但企业现金流难以粉饰。现金流直接反映企业经营状况和资金链。如果企业资金链绷得太紧，企业就有面临停产的经营危机或破产的风险，所以需要重点关注企业的现金流问题。

2. 了解企业全年生产经营情况

了解掌握供应商的生产经营能力，对于选择相对稳定可行的供应商，保证对外出口产品按时、按质交货，降低经营风险等具有积极作用。通过对以下工业企业生产经营能力指标的调查可以帮助跟单员基本了解企业的总体生产经营情况。对于以下指标的取得应以企业年度财务报表和经会计师事务所年检审计报告为准。

（1）工业企业生产、经营能力指标。工业企业生产、经营能力通过下列指标了解：

1）工业总产值。工业总产值指生产企业在报告期内生产的以货币形式表现的工业最终产品和提供工业劳务活动的总价值量。工业总产值的内容包括三部分：本期生产成品价值，对外加工费收入，自制半成品在制品期末、期初差额价值。

2）工业销售产值（当年价格）。工业销售产值是以货币形式表现的，生产企业在报告期内销售的本企业生产的工业产品或提供工业性劳务价值的总价值量，其内容包括：销售成品价值、对外加工费收入。

3）出口交货值。出口交货值指生产企业交给外贸部门或自营（委托）出口（包括销往中国香港、澳门、台湾等地区），用外汇价格结算的在国内批量销售或在边境批量出口的产品价值以及外商来样、来料加工、来件装配和补偿贸易等生产的产品价值。

4）本年生产量。本年生产量指生产企业在一定时期内生产，并符合产品质量要求的实物数量，包括商品量和自用量两部分。

5）本年销售量。本年销售量指报告期内生产企业实际销售由本企业生产（包括上期生产和本期生产）的工业产品的实物数量。不包括用订货者来料加工生产的成品（半成品）的实物量。

6）出口交货量。出口交货量指生产企业在报告期内交给外贸部门或自营（委托）出口（包括销往中国香港、澳门、台湾地区），用外汇价格结算的批量销售，在国内或在边境批量出口等的产品数量；还包括外商来样加工、来料加工、来件装配和补偿贸易等生产的产品数量。

7）本年销售额。本年销售额指产品的销售额，即企业在报告期内按各种价格销售同一种产品所得到的销售总金额，与销售量的口径是一致的，凡是计算了销售量的产品都应该计算其销售额。这里需要注意两点：第一，产品销售额是按不含增值税（销项税额）的价格计算的，这是为了与现行财税制度对财务会计核算的要求和规定保持一致；第二，用订货者来料加工生产的成品（半成品）的销售额按加工费计算。

8）本企业自用量。本企业自用量又称企业自产自用量，指生产企业在报告期内生产的、已作为本企业产量统计又作为本企业生产另一种产品的原材料使用的产品的数量，如钢铁企业用本企业生产的生铁炼钢，其计算了生铁产量又用于炼钢的生铁数量，应作为企业自用量统计。但是，由本企业验收合格后，作为商品出售给本企业生活用、在建工程用或行政部门用的产品数量，不能作为自用量统计，而应作为销售量统计，如钢铁企业将本企业生产的钢材用于本企业房屋维修的数量，应作为销售量而不是自用量统计。

9）产品库存量。产品库存量是指在某一时点上，尚存在企业产成品仓库中暂未售出的产品的实物数量。

10）年末生产能力。年末生产能力一般指产品的综合生产能力，但也有些产品按其主要设备的能力，分为两种情况：①产品年末生产能力。②设备能力，即一般所称的设备效率或设备生产率。

（2）批发和零售业企业经营能力指标。批发和零售企业经营能力有如下几个指标：

1）商品销售总额。反映批发零售贸易企业在国内市场上销售商品以及出口商品的总量。商品销售的记载时间是以商品已经售出、商品所有权已经转移给买方后，收到货款或取得收取货款的凭证时的商品销售。

2）批发额。批发额是指售给国民经济各行业用于生产、经营用的商品金额。比如售给建筑业用的水泥。

3）零售额。零售额以销售到终端消费者为标准，即使以批发价卖给消费者，也应该算在零售额中，不应该算在批发额中。集团集中采购给终端消费者，如学校统一采购教材给学生算零售。

4）全年营业收入。全年营业收入是指企业一年的营业收入。营业收入分为主营业务收入和其他业务收入。主营业务收入在企业收入中所占的比重较大，它对企业的经济效益有着举足轻重的影响。其他业务收入在企业收入中所占的比重较小。

5）主营业务收入。主营业务收入是指企业经常性的、主要业务所产生的基本收入，如制造业的销售产品、非成品和提供工业性劳务作业的收入；商品流通企业的销售商品收入；旅游服务业的门票收入、客户收入、餐饮收入等。

3. 核实企业生产经营条件

（1）核实企业生产设备。核实企业各类生产设备数量，生产用工模、夹具、机架数量，运输装卸工具数量，使用及保养记录等。

（2）核实经营场地。经营场地主要包括总面积、建筑面积、生产厂房面积、仓库面积、其他辅助用房面积等。

（3）核实从业人员。核实从业人员是指在本企业工作并取得劳动报酬的年末实有人员数。

1）生产员工人数。生产员工人数包括半熟练员工多少，熟练工人多少，技术工人多少，学历构成等。

2）了解工人工资待遇。

（4）核实质量管理情况。质量管理包括以下内容：

1）有无质量检验部门。

2）有无质检总监，能否对产品质量独立行使职权。

3）有无独立行使职权的质量控制人员，QC（Quality Controller）人员占所有员工比例。

4）有无计量证书及实验室环境记录。

5）有无ISO证书及其他认证证书（如UL认证证书、CE认证证书等）。

6）有无产品产前测试报告及成品批验测试报告。

7）质检程序文件是否完善。是否包括生产机器、设备管理，供应商评估，采购控制，物料进出控制，客供物料控制，仓库物料管理，设计控制，来料/制造成品品质控制，不合格品控制，质量记录控制，质量手册及年度评审记录等。

（5）核实交通、水、电、气、热供应情况。交通、水、电、气、热包括以下内容：

1）交通运输条件。距航空港、铁路、公路、水运等距离多少，运输成本如何。

2）电力供应条件。电力供应能否保证企业用电需求；电力不足的问题能否得到解决；不能保证时，有无自备发电机。

3）供水、供气、供热情况。是否能保证供水，供水量是否会因季节不同而变化，供水是否符合标准，供气是否保证工厂满负荷工作，供热不足的问题是否能得到解决，水、电、气等供应是否需要追加投资。

（6）了解环保、安全情况。环保设施是否符合要求，生产、排污过程中环保是否符合要求，厂区附近是否有干扰型企业，如食品厂附近有无化工厂、农药厂等，有无消防安全制度，消防设施是否齐备有效，疏散通道是否畅通，生产车间发生意外（如起火）等职工能否安全逃生。

（7）了解技术能力情况。

（8）了解企业内部经营管理能力。了解企业内部经营管理能力主要有以下内容：

1）物料采购单及供应商来料质量、数量、交货期历史记录。

2）仓库物料收发货记录、出入账本、物料定期盘点记录及客供物料记录。

3）生产总计划、各工序生产计划、生产日报、生产周报及生产周会记录。

4）产品设计会议、设计、设计评审、设计确认及设计更改记录。

5）产品生产流程图、生产指导书、试产后（产前）评审记录及生产绩效记录。

6）来料、过程、最终检验指引及报告，来料、过程、紧急放行及成品仓定期巡查记录。

7）不合格品记录或检验报告，停产记录及不合格品处理记录，纠正及预防措施记录。

在进行了上述一系列的考评后，考察人员汇总并填写“验厂报告”。

4. 测算企业实际生产能力

（1）跟单员应学会分析计算企业的生产能力，检查企业生产能否按期保质保量交货。

1）理想产能计算。假定所有的机器设备完好，每周工作 7 天，每天工作 3 班，每班工作 8 小时，期间没有任何停机时间，这是生产设备最理想的生产能力。

2）计划产能计算。计划产能计算根据企业每周实际工作天数、排定的班次及每班次员工工作时间来确定。

3）有效产能计算。有效产能是以计划产能为基础，减去因停机和产品不合格率所造成的标准工时损失。产品不合格的损失包括可避免和不可避免的报废品的直接工时。

（2）对企业生产能力不足的对策。当发现企业生产能力不足，不能保证订单按时交货时，为了保证交货期，跟单员须要求企业或生产部门采取以下措施：

1）延长工作时间，由一班制改为两班制、三班制，或延长员工工作时间。

2）增加机器设备台数，延长开机时间。

3）增加其他车间生产支持或将部分生产任务拨给其他车间承担。

4）调整生产计划，将部分生产向后推。

5）部分产品进行外包生产。

6）增加临时用工。

7）产能长期不足时，应增加人员和机器设备。

5. 核实用印及签字

（1）企业印章。企业印章包括公司法人、财务、合同和部门专用章。公司宣传、企业管理、对外业务、公司决策、行政事务等有关文书（包括各类合同）需加盖公司法人公章或合同专用章。公司财务专用章主要用于公司对外开具的票据和与公司相关的金融事务以及财务报表；公司内部生产、管理使用部门专用章。部门专用章不直接对外使用，对外不具有法律效力，只用于本部门对外的一般业务宣传或代表本部门向公司书面汇报情况或提议之用。

（2）企业印章的使用范围。企业印章的使用范围包括：①凡属以企业名义对外发文、开具介绍信、报送报表等一律需要加盖公司法人公章；②凡属企业内部行文、通知等，使用公司内部印章；③凡属部门与公司、部门与部门业务范围内的工作文件等，加盖部门印章；④凡属经营类的合同、协议等文本，一般使用企业合同专用章或企业法人公章；⑤凡属财务会计业务的，用财务专用章。

（3）对合作企业印章的核实及监控。跟单员在核实双方有关经营类文件时，需认真审查对方所使用的印章是否合法有效。这项工作责任重大，不可马虎。

1）核实对方企业公章名称与营业执照企业名称是否一致。

2）合同、订单等印章是否符合用印有效性规定。如果双方合同应该使用公司法人公章或公司合同专用章，但合同却使用了办公室、资产管理部等部门印章，这显然需要查明原因，并给予纠正。

3）双方经济合同用印是否合理、完整，如文中个别地方出错，手工进行修改，是否对修改处加盖了校对章；合同是否加盖了骑缝章；合同附件是否加盖了附件章等。

4）跟单员对业务中首次出现的合作企业的印章印鉴样，须做好复印、留底、备查工作。因重要文件中印章不一致，可能会对本企业造成不可挽回的损失，需跟单员特别注意。

【知识链接】

核实企业法人登记注册情况

核实企业法人登记注册情况，任何个人或组织都能到当地工商注册管理部门查询。跟单员要十分重视这项基础工作，掌握被调查企业特别是初次打交道企业的工商注册登记情况，这对于真实了解初次打交道的企业现状、核定业务规模、降低经营风险等是非常必要的。

1. 核实企业法人名称

从名称上判断企业的要点是：

（1）鉴别名称中的行政区划。例如，安徽合肥某某有限公司，表明该公司在合肥市注册，但如果该企业地址不在合肥市而在淮南市，跟单员就得注意，需向工商部门了解真伪，以防上当。

（2）鉴别名称中的行业、经营类型。一般可根据企业名称判断是生产型企业还是贸易型企业。如果在名称中只列明“中大”、“东方”等中性内容的，跟单员需要认真了解该企业内部具体经营商品的内容，以防止与不熟悉产品的企业开展经营活动。

（3）鉴别名称中的组织形式。“集团公司”规模一般大于“实业公司”；“实业公司”规模一般大于“有限公司”；“分公司”不是独立法人企业，其需要由上一级法人企业授权经营等。

2. 核实企业注册地址及经营场所

经工商部门登记注册的公司住所只能有一个。

（1）营业执照企业注册地与企业经营办公地不一致。凡出现注册地与经营地不一致的情况，需要跟单员认真查明原因，如有的企业近期搬新址，还来不及进行工商变更；如有的企业违法经营，有意搬离注册地等。因此需要跟单员认真核实。

（2）对企业改变地址的要查明原因。企业改变地址主要有四个方面的原因：①场地改变条件改善。说明企业经营较好，想加快发展。②场地改变，规模缩小。表明企业前一时期经营情况不好，企业正在进行收缩，对这类企业需要注意。③场地大规模扩大。跟单员不能被大规模投资的表面繁荣所迷惑，应认真评估该企业搬入新址的资金投入对企业正常经营所带来的资金压力。④要重视到工商管理部门查询变更的原因。

3. 核实法定代表人、授权委托人

跟单员在工作中对于合同、订单等重要经营性文件的法定代表人或被委托人的签字须做到以下几点：

（1）企业重要的经营性文件需要法定代表人签字及盖公章。不是法定代表人签字的，要由法定代表人的授权委托人签字并加盖公章。

（2）法定代表人变更时，要注意变更时前后任法定代表人的有效签字权限及授权委托人签字权限，防止出现各种问题。

(3) 对业务中首次出现的合作企业法定代表人等有效签字印鉴，须做好复印、留底、备查工作。因重要文件中签字不一致，可能会对本企业造成不可挽回的损失，跟单员需特别注意。在以后的业务中，每次业务往来都需核对印鉴，以防风险。

(4) 认真对合同、订单等重要经营性文件的对方法定代表人或被委托人的签字笔迹真实性进行审查。对于同一次提交的文件、证件上的同一签字人签字不一致，同一份文件中几个人的签字笔体都一样，同一姓名的不同文件的签字不一致等，需要认真与印鉴留底核对，查清原因，以避免因此产生问题。

(5) 可直接与需要签字人员取得联系，询问当事人是否亲自签署了某某文件，确认其是否为亲笔所签。

4. 核实经济性质（注册类型）

核实供应商或生产企业注册类型是很重要的，与不同注册类型的企业合作，若出现经营问题等，所采取的措施将是不同的。因为企业性质不同，对债务等承担责任的程度不同，如股份有限公司，每个股东以其所认缴的出资额对公司承担有限责任，公司是以其全部资产对其债务承担责任的经济组织；而私营独资企业是投资者对企业债务承担无限责任的企业。

5. 核实经营范围

跟单员需要关注企业经营范围涉及的经营项目内容，如果企业没有经有关部门“许可经营项目”批准，或超一般经营项目范围开展业务，就不能与该企业从事未经许可的经营项目和超一般经营项目范围的业务。

6. 核实注册资本、注册资金

注册资金是企业实有资产的总和，注册资本是出资人实缴的出资额的总和。注册资金随实有资金的增减而增减，注册资本则反映的是公司法人财产权，所有的股东投入的资本一律不得抽回，由公司行使财产权。跟单员在核实注册资本时需要注意：严格核实注册资本，严格核查虚假出资企业，分析判断能否与其开展业务。

7. 核实成立时间

通常企业注册成立的年限越长，积累的经营经验越值得信赖。

8. 核实经营期限

经营范围属“许可经营项目”的，有关批准部门有经营期限限制，跟单员要核实是否在期限之内。

9. 核实营业执照

每年工商管理部门要对营业执照进行年检、年审，加贴年检标签。如果跟单员在查看营业执照时发现没有工商部门的年检标签，应当查明原因。

10. 核实联系方式

联系方式包括长途区号、电话号码、分机号、手机、传真号码、邮政编码、电子信箱和网站地址等。跟单员在核实时要注意以下几点：

（1）查找企业在网上披露的所有信息。在网站上搜索到的企业信息相对集中和单一，表明这家企业相对稳定。因为每家企业需要宣传推广本企业产品，目前都会采用网上低成本发布信息这一手段。如果网上查询没有这家企业的任何信息或记录，原则上不宜与其开展业务。事实上不诚信的企业或想做非法事情的企业，一般都会在网上留下蛛丝马迹，只要跟单员用心、细心，都会查到对分析判断有用的信息。

（2）核实企业联系方式是否过去被其他单位或个人使用过，以查询了解企业成立或变更情况。

（3）用好互联网搜索查询功能。直接输入“企业名称”、“区号加电话号码（如0596-1234567）”、“区号加传真号码（如0596-7654321）”或“企业地址”等分别搜寻网页相关内容，并逐条进行仔细查看，认真寻找疑点。需要注意，采用多个网上搜索系统查询，有时会出现不同的情况。

11. 核实企业集团下属公司情况

对于与企业集团开展经营往来的，跟单员要核实集团公司下设的独资、控股、参股、联营等企业的数量。核实调查的内容与以上内容基本类同，其目的是根据其有效资产，确定业务经营规模，同时也为以后可能出现的经营风险提前做好工作准备。

三、选择生产企业的途径

选择生产企业的途径主要有：利用商务网站对有关商品生产企业进行搜索，

获取相关产品和企业的信息；参加国内外产品展销会或政府组织的各类商品订货会，直接了解产品和企业的有关信息；查阅国内外采购指南、各类出版物品的厂商名录和电信黄页等，寻找相关产品和企业的信息；通过国内外各种商联会或同业协会，掌握相关产品和企业的信息。

四、选择生产企业应注意的问题

选择生产企业应注意的问题：关注生产企业的信誉，采取试样的方法了解生产企业的实际工艺水平，不宜将大的外贸单或工序复杂的订单放在一家生产企业做，维护好与生产企业的关系，核实生产企业的法人公章与合同专用章等。

实训任务

1. 任务一

（1）操作资料。操作资料如下所示：

1）补充材料：①合同号：2012S002。②签约地点：杭州。③签约时间：2012 年 8 月 19 日。④数量：卡其色 8000 件、灰色 7000 件。⑤单价：¥80.00。

2）质量要求。品质、颜色均按经双方确认的品质样执行，凡与品质样不一致的，一切质量问题均由供方承担。

3）付款方式。先付 30%定金，其余提货时付 40%，余下 30%凭增值税发票在一个月内结清。

4）双方单位信息。双方单位信息如下：

需　　方：宁波华美贸易有限公司

委托代表人：李明

开 户 行：中国银行浙江省分行

账　　号：

税　　号：

供　　方：蓝天服装厂

委托代表人：赵余

地　　址：杭州市天保路 1 号

电　　话：0571-86666666

开 户 行：中国银行浙江省分行

账　　号：

税　　号：

（2）操作要求。要求如下：

1）假如宁波华美贸易有限公司选择蓝天服装厂作为这份订购合同的服装生产厂家，应从哪些方面对其进行考察？应注意什么问题？

2）本订购合同中客户对生产企业劳工方面要遵循什么标准？请写出该标准的中文、英文全称和主要内容。

3）宁波华美贸易有限公司选择蓝天服装厂作为供货商，请以宁波华美贸易有限公司跟单员的身份签订加工合同。

供（订）货合同

需方：

供方：

（1）根据品名、规格、颜色、数量、单价、金额，填写如表 4-2 所示的服装加工条件要求。

表 4-2　服装加工条件

品名	规格	颜色	数量	单价	金额
	面料				
	里子				
	衬子				
合计					

（2）交货期限和交货方式：____

____。

供方直接送往宁波码头需方指定仓库。

（3）质量要求：____。

（4）数量要求：数量控制在±________%之内。

（5）付款方式：____。

（6）包装要求：____。

（7）解决合同纠纷方式：本合同履行中发生争议，双方应及时协商解决，协商未果可按《合同法》解决。

（8）其他。其他信息如表 4-3 所示。

表 4-3 双方企业信息

供 方：蓝天服装厂 委托代表人： 地 址： 电 话： 开 户 行： 账 号： 税 号：	需 方：宁波华美贸易有限公司 委托代表人： 地 址： 电 话： 开 户 行： 账 号： 税 号：

注：(1) 本合同经供需双方盖章签字后生效。
(2) 本合同一式两份，供需双方各执一份。
(3) 本合同有效期：2012 年 6 月 19 日止。

2. 任务二

(1) 操作资料。操作资料补充如下：

1) 管理人员 15 名，质量管理人员 10 名，生产线上工人 300 名，员工总人数为 325 名。

2) 该厂主要生产产品为各类小家电；内外销市场兼顾，主要外销欧美及澳大利亚等国，年出口量为 1000 万美元，主要客户是 KMART/LIZ/TARGET 等。

3) 该厂厂区、生活区都比较整洁，生产的组织和管理较为有序，每次检验都有检验记录；另外，该厂自备一个 1000 平方米的仓库，仓库干净、宽敞、干燥。

4) 法人代表：范伟；总经理：范云。

(2) 操作要求。3 月 15 日，东方电器跟单员李明陪同法国莱塞纳公司对公司的下属工厂进行实地考察和验厂查看，并协助填写如表 4-4 所示的验厂报告。

3. 任务三

(1) 操作资料。我国茶叶加工分成初制与精制两部分。初制也叫鲜叶加工，就是把茶树上的芽叶按不同标准及时采下，用不同的技术处理，形成不发酵、全发酵、半发酵、后发酵、微发酵不同品质特点的毛茶。

卢安茶业公司完成茶叶原辅料采购后，根据收集到的信息，对各生产企业的生产规模、生产设备和生产技术水平等条件进行分析，最后选定香士茶叶有限公司进行毛茶的加工，经双方洽谈达成一致后签订了加工生产合同（如表 4-5 所示）。

(2) 操作要求。完成下列毛茶加工合同。

补充资料：①加工时间 3 个月；②鲜叶原料 76800 公斤；③毛茶 57600 公斤；④加工费用每公斤人民币 10 元。

FACTORY EVALUATION
表 4-4 验厂报告

Project-Description: ____________________　　Manufacturer for Project No.: ____________________
项目名称　　生产项目号码

Supplier: ____
供应商

Date of factory Visit: ____
访问工厂日期

Address: ____
工厂地址

Telephone: ____________________　Fax: ____________________　E-mail: ____________________
工厂电话　工厂传真　工厂邮址

Factory Name: 工厂名称	Company Status: 公司性质	Established: 建厂日期	
Person in Charge of this Project: 项目负责人	General Manager: 总经理	Factory Owner: 法人代表	
Major Product Range: 主要产品范围	Specialist for: 主打产品		
Major Product Range: 主要原材料范围	Export Countries: 出口国家	Turnover Export: 出口额	
Country Ratio: 国家比例	Customer: 客户		
Total Staff: 员工人数	Administration: 管理人员	Production: 工人	QC: 质检
Production Capacity: 产能	Main Production: 主要产品		
Technical Equipment: 技术设备	Type of Machines: 机器种类		
Technology & Age: 技术与年限	Cleaness: 整洁	Organization: 生产秩序	
Production Process: 生产过程	Working Instructions: 工作要求		
Packing: 包装	ISO-Certification: 国际标准组织认证		
Person in charge of QC: 质检人员	Test Instruction: 测试要求	Test Equipment: 测试设备	
Incoming: 原材料入厂	Inline: 生产线	Final: 出厂	
Own Warehouse: 自己仓库	Warehouse Capcity: 仓库容量	Warehouse Condition: 仓库条件	

表 4–5　加工合同

加工合同

编号：FA09024
日期：2015 年 2 月 20 日

甲方：香士茶业有限公司
地址：福建省福州市安花镇 10 号
邮编：333201
电话：0591–62145511

乙方：卢安茶业公司
地址：福建省卢安县中山路 12 号
邮编：363201
电话：0593–6618066

双方为开展来料加工业务，经友好协商，特订立本合同。

第一条　加工内容

乙方向甲方提供加工所需的茶叶原料，甲方将乙方提供加工后的____交付乙方。

第二条　来料数量与质量

乙方在 2015 年 3 月 31 日前按约定的样品品质向甲方提供茶叶原料，并负责运至安花车站交付甲方。如果乙方未能按时、按质、按量向甲方交付，甲方可解除本合同并可向乙方索取停工待料的损失。

第三条　加工数量与质量

加工数量___，质量___。

第四条　交货

甲方在__年__月__日前将加工后的_____负责运至乙方指定的仓库，经验收核准后方可入库。甲方如未能按时、按质、按量交付，应向乙方赔偿由此产生的经济损失。

第五条　加工费与付款方式

加工费用_____。乙方在收到全部加工货物并经验收核准后 10 天内向甲方支付全部加工费。

第六条　不可抗力

由于严重的自然灾害以及双方同意的其他不可抗力引起的事故，致使一方不能履约时，该方应尽快将事故通知对方，并与对方协商延长履行合同的期限。由此而引起的损失，对方不得提出赔偿要求。

第七条　仲裁

本合同在执行期间，如发生争议，双方应本着友好方式协商解决。如未能协商解决，提请中国上海仲裁机构进行仲裁。

第八条　合同有效期

本合同如有未尽事宜，或遇特殊情况需要补充、变更内容，须经双方协商一致。

本合同自签字日起生效。本合同正本一式两份，甲乙双方各执一份。

香士茶业有限公司
合同专用章

甲方：（盖章）
委托代理人：茅茗
日期：2015 年 2 月 20 日

卢安茶业公司
合同专用章

乙方：（盖章）：
委托代理人：陈立
日期：2015 年 2 月 20 日

实训练习

1. 单选题

（1）生产企业按性质划分，以下错误的是（　　）。

A. 外贸公司　　　　　　　　B. 内资企业

C. 外商投资企业　　　　　　D. 港、澳、台商投资企业

(2) 如果信用证没有规定最晚交单期，一般为装运期后（　　）。

A. 10 天　　B. 15 天　　C. 20 天　　D. 21 天

(3) 信用证有效期为 5 月 31 日，装运期为 5 月 20 日，如果信用证没有规定最晚交单期，则最晚交单期应为（　　）。

A. 5 月 30 日　　B. 5 月 31 日　　C. 6 月 10 日　　D. 6 月 11 日

(4) 开证行作为信用证的发出者，其一般受（　　）方面的约束。

A. 与贸易合同　　　　　　B. 对受益人的付款承诺

C. 与订单协议　　　　　　D. 与付款行的代理关系

(5) 信用证的到期地点一般要求在（　　）。

A. 我国境内　　B. 买方境内　　C. 买卖双方境内　　D. 以上都不对

(6) 如果合同规定采用信用证支付方式，进口方须在（　　）向当地银行申请开证。

A. 合同日期后 10 天内　　　　B. 合同日期后 20 天内

C. 合同日期后 15 天内　　　　D. 合同规定时限内

(7) 保险勘查代理人必须由（　　）指定。

A. 买卖双方　　B. 买方　　C. 卖方　　D. 保险公司

(8) 需求计划型企业的优点，以下说法错误的是（　　）。

A. 在人力、物料和设备上有充分的准备

B. 备有一定存货，可防备旺季时的产能不足

C. 销售预测不够准确，会造成产品滞销

D. 提早交货的可能性很大

(9) 订单生产型企业的优点，以下说法不正确的是（　　）。

A. 能合理配备人力和机器　　　　B. 能合理安排物料采购

C. 一般不会造成滞销现象　　　　D. 机器设备的利用或紧或松

(10) 计划、订单混合型生产企业的优点，以下说法正确的是（　　）。

A. 预知供应商、生产企业财务危机征兆

B. 订单过多，需扩大生产规模

C. 避免选择处于财务危机中的供应商

D. 在生产安排方面可进行互补

2. 多选题

(1) 生产企业按生产依据分，主要有（ ）。

A. 需求计划型 B. 订单生产型 C. 计划订单混合型 D. 市场型

(2) 选择合格的生产企业应关注的问题是（ ）。

A. 企业信誉 B. 企业实际工艺水平

C. 与企业的关系 D. 核实企业专用印章

(3) 获取生产企业的信息来源主要有（ ）。

A. 查阅国内外采购指南 B. 参加国内外产品展销会

C. 利用国内外各种商联会 D. 利用商务网站进行搜索

(4) 跟单员在选择合格的生产企业时，可运用的基本方法是（ ）。

A. 望 B. 闻 C. 问 D. 切

(5) 从企业法人名称“上海进出口贸易公司”中，跟单员可获取（ ）信息。

A. 企业注册地 B. 企业经营范围 C. 企业组织形式 D. 企业的行业

(6) 生产企业应具备的要素主要有（ ）。

A. 生产设备和资金 B. 经营活动场所

C. 从事生产流通经济活动 D. 独立核算和法人地位

(7) 外商投资企业的具体形式主要包括（ ）。

A. 中外合资经营企业 B. 股份有限公司

C. 中外合作经营企业 D. 外商投资股份有限公司

实训项目五

准备生产——采购原材料

技能目标

- 了解出口商进行原材料采购作业的一般流程
- 明确原材料采购跟单的要求
- 熟悉出口商对原材料与供应商调查的方法及内容
- 掌握原材料采购跟单的管理方法
- 掌握出口商对原材料采购跟单责任的分析方法

工作任务　原材料采购跟单的程序与要求

【章首案例】

大连海达进出口公司进行面料采购跟单

大连海达进出口公司为了提高经济效益，并能保证加工企业的生产供给和合同的正常履行，根据BCK进出口有限公司对服装面料的要求在国内进行采购。通过网络和服装面料专业展览会等途径，了解到各家面料厂商的基本情况和产品的规格质量；通过对几家国内牛仔面料的供货商进行询价，最后选定河北沧州棉纺厂作为大连海达进出口公司的面料供应商，并与其签订原材料采购合同。

在实际工作中，面料采购由服装加工企业或贸易公司进行，有时进口商会指定面料供应商或供应要求。

大连海达进出口公司
采购合同

编号：SH0731
日期：2014 年 3 月 26 日

供应商：河北沧州棉纺厂
联系电话：0317-7725193
请供应以下产品（如表 5-1 所示）：

表 5-1　采购清单

品名规格	颜色	单位	数量	单价	金额	备注
牛仔布 99%棉　1%弹力	蓝灰色 （附样品）	米	21600.00	17 元	367200 元	
合计	叁拾陆万柒仟贰佰元整					

（1）交货日期：2014 年 4 月 12 日以前一次交清。
（2）交货地点：辽阳车站。
（3）包装条件：卷筒包装。
（4）付款方式：交货后 1 个月凭增值税发票付款。
（5）不合格产品处理：另议。
（6）如因交货误期、规格不符、质量不符合要求造成本公司损失的，由卖方负赔偿责任。
（7）如卖方未能按期交货，必须赔偿本公司因此蒙受的一切损失。
（8）其他：无。

采购单位：（盖章）　　供应商：（盖章）

大连海达进出口公司
合同专用章

李明

河北沧州棉纺厂
合同专用章

宋宇

一、原材料采购作业的一般流程

原材料采购作业的一般流程如图 5-1 所示。

原材料采购跟单的流程为：制作采购单、内部报批和签订采购合同、采购单跟踪、原材料检验与原材料进仓。

1. 制作《采购原材料辅料申请单》

跟单员在制作采购单时应注意以下要点：

（1）审查《采购原材料辅料申请单》。跟单员在审查《采购原材料辅料申请单》

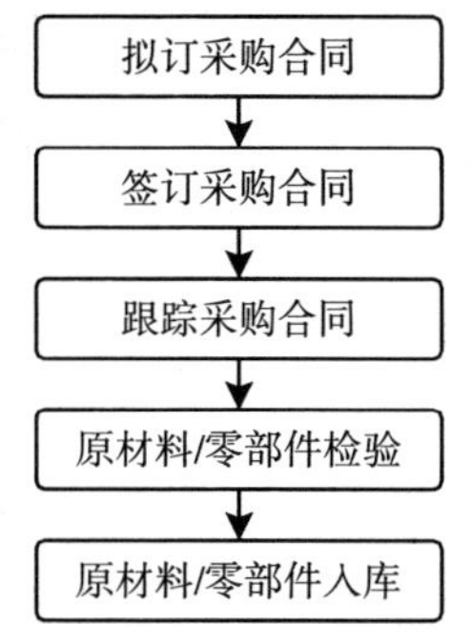

图 5-1　原材料采购作业流程

时应注重以下内容：

1）适当的采购人。采购所需的内容，只有需用部门、业务员最为清楚，由部门、业务员提出采购要求。

2）以书面方式提出原材料的采购。

3）确定原材料要求的内容。内容包括原材料的成分、尺寸、形状、强度、精密度、耗损率、合格率、色泽、操作方式、维护以及售后服务的速度、次数、地点等。

4）以型号规格标明采购的标准。

（2）熟悉采购的原材料。

（3）价格确认。跟单员应对采购原材料的最终价格负责，跟单员有权力向其他供应商了解并寻找最佳供应商，以维护企业的最大利益。

（4）确认质量标准。

（5）确认原材料采购量。对需求部门或业务员的原材料采购量进行复核，如发现错误，跟单员应及时提出并进行弥补工作。

（6）制定采购单。采购单主要内容有：原材料名称、确认的价格及付款条件、确认的质量标准、确认的采购量、确认的交货地点等，另附有必要的图纸、技术规范、标准等。另外，在采购单的背面，多会有附加条款的规定，亦构成采购单的一部分，其主要内容包括：①交货方式。②验收方式。③处罚条款。④履约保证。⑤品质保证（保修或保修期限，无偿或有偿换修等规定）。⑥仲裁或诉讼。⑦其他。

（7）发出采购单。

2. 采购单跟踪

采购单跟踪是跟单员花费精力最多的环节，对于那些长期合作的、信誉良好的供应商，可以不进行采购单跟踪。但对一些重要或紧急的原材料的采购单，跟单员则应全力跟踪。

（1）跟踪原材料供应商的生产加工工艺。

（2）跟踪原材料。跟单员必须提醒供应商及时准备原材料，不能存在马虎心理，特别是对一些信誉较差的供应商要提高警惕。

（3）跟踪加工过程。不同原材料的生产加工过程是有区别的，为了保证货期、质量，跟单员需要对加工过程进行监控。

（4）跟踪组装总测。跟单员有时需向产品零部件生产厂家采购成批零部件，有的零部件需要组装，因此必须进行组装检测。

（5）跟踪包装入库。对重要的原材料、零部件，跟单员应去供应商的仓库查看。

3. 原材料（零部件）检验

（1）确定检验日期。跟单员应与供应商商定检验日期及地点，以保证较高的检验效率。

（2）通知检验人员。跟单员应主动联系质量检验专业人员一同前往检验地点进行原材料、零部件的检验。安排检验要注意原材料、零部件的轻重缓急，对紧急原材料、零部件要优先检验。

（3）进行原材料检验。对一般原材料，采用正常的检验程序；对重要原材料或供应商在原材料供应上存在质量不稳定问题的，则要严加检验；对不重要的原材料或者供应商在原材料供应上质量稳定性一直保持较好的，则可放宽检验。原材料检验的结果分为两种情况：合格材料、不合格材料。不合格材料的缺陷种类有：致命缺陷、严重缺陷、轻微缺陷。检验的结果应以数据检测以及相关记录描述为准。

（4）处理质量检验问题。针对原材料缺陷程度的不同，跟单员可以采取相应的措施，如要求供应商换货以及扣款、质量整改、降级使用、取消供应商资格等。

4. 原材料（零部件）进仓

（1）协调送货。送货时间需要跟单员与供应商沟通协调确定，如果供应商在没有得到采购方许可的情况下送货或跟单员没有和供应商协调确定，都会引起混乱。

（2）协调接收。在供应商送货前，跟单员一定要协调好仓库部门的接收工作，否则会出现供应商送货人员及运输车辆需要等待较长时间的情况，甚至会出现原材料被拉回供应商所在地的情况。

（3）通知进货。跟单员在做好以上两项工作后，即可通知供应商送货，供应商在得到送货通知后，应立即组织专职人员进行处理，将原材料送至指定仓库。

（4）原材料（零部件）入库。原材料的库房接收过程有：①检查即将送达的货物清单信息是否完整（包括原材料的采购单、型号、数量等）。②接收原材料，对照采购单进行核查。③检查送货单据及装箱单据。④检查包装与外观，注意原材料检验合格后才能卸货。⑤卸货。⑥清点原材料。⑦搬运入库。⑧填写“原材料入库单据”，注意原材料检验合格后才能填写原材料入库单。⑨将原材料入库信息录入存储信息系统中。

（5）处理原材料（零部件）接收问题。由于供应商或者跟单员方面的原因，原材料（零部件）在接收环节上可能会出现以下问题：①原材料（零部件）型号与采购单中的要求不一致。②未按照采购单中指定的原材料数量送货。③交货日期不对。④原材料的包装质量不符合要求等。此类问题跟单员需与有关领导一同协调解决，处理方法要现实。

二、原材料采购跟单的要求

原材料采购跟单的基本要求是：适当的交货时间、适当的交货质量、适当的交货地点、适当的交货数量及适当的交货价格。

1. 适当的交货时间

适当的交货时间是跟单员进行原材料采购跟单的中心任务。原材料交货时间过早或过晚都不利于采购企业的经营运作，跟单员的任务就是使所采购的原材料在规定的时间获得有效的供应。

2. 适当的交货质量

适当的交货质量是指供应商所交的原材料可以满足企业使用要求。过低的质量是不被容许的，但过高的质量会导致成本提高，削弱产品的竞争力，同样不可取。原材料质量达不到企业使用要求的后果是严重的：会导致企业内部相关人员花费大量的时间与精力去处理，而增加管理费用；会导致企业在重检、挑选上花费额外的时间与精力，造成检验费用增加；会导致生产线返工增多，降低生产效率；会导致生产计划推迟，有可能引起不能按承诺的时间向客户交货，会降低客户对企业的信任度；会引起客户退货，导致企业蒙受严重损失，严重的会丢失客户。

3. 适当的交货地点

为了减少企业的运输与装卸费用，跟单员在进行原材料跟单时应要求供应商在适当的地点交货，因此跟单员应重点选择那些离企业近、交通方便的供应商。如交货地点不当，会增加原材料的运输、装卸和保管成本。

4. 适当的交货数量

适当的交货数量是指每次交来的原材料企业刚好够用，不产生更多的库存。

5. 适当的交货价格

一个合适的价格，要经过以下几个环节的努力才能获得：①多渠道获得商品报价。②比价。③议价。④定价。跟单员对每个产品的采购，一般需保留三个以上供应商的报价，有时这些供应商的价格可能相同，也可能不同。但让这些供应商知道同时存在多个供应商可选择，他只是其中一个竞争者，这样供应商会努力改善合作关系，由此企业才可能获得最好的报价和服务。

三、原材料市场及其供应商的调查

要选择合适的原材料市场及其供应商，首要的任务就是要开展相应的市场和供应商的调查，掌握原材料市场与供应商的动态。

1. 对原材料供应商的初步调查

对原材料供应商进行初步调查的目的是对供应商的基本情况进行了解，包括供应商的名称、地址、生产能力、市场份额、产品、质量、价格和进货条件等，其目的是为选择最佳供应商做准备。

对原材料供应商进行初步调查通常是对供应商市场部人员、有关用户或其他知情人士等有关人员进行访问调查，将获取的信息填入供应商登记卡。然后，对所有的供应商登记卡资料进行分析，比较每个供应商的优势和劣势，为选定供应商提供决策支持。对供应商进行初步调查的内容较浅，只了解基本面的情况，但被调查对象的范围相当广，从而有利于掌握原材料市场的基本状况。

2. 对原材料市场的调查

对原材料市场调查的内容主要有两个方面：

（1）原材料市场的规模、容量和特点。重点对原材料市场的范围、原材料供需情况开展调研，确定买卖双方在该原材料市场中谁占主导地位，并掌握该市场竞争的特点。

（2）原材料市场的环境。主要了解原材料市场的管理制度、规范化程度和有关的经济环境等外部条件。

通过对原材料市场的调研分析，确定原材料市场总的水平，并根据整个市场的水平和环境等条件来选择质优价廉的供应商。

3. 对重点原材料供应商进行深入调查

所谓的重点供应商应该是准备合作的原材料供应商，包括关键零部件产品的生产企业。该调查与初步调查有较大的不同，主要深入到供应商生产线、生产工艺、质量检验环节和管理部门。对现有的生产设备、工艺与管理技术进行考察，判断其能否满足加工货物对原材料的品质和管理要求，必要时可进行样品试制。当所有条件被确认为合格后，方可与其建立起比较稳定的物资采购供需关系。

四、原材料采购跟催的管理方法

跟单员需要在预定的交货期前数天提醒供应商，一方面给供应商适当的压力；另一方面可随时掌握供应商能否按期交货或能否交够所需数量等情况的第一手资料，从而尽快采取相应措施。催单的目的是使供应商在必要的时候送达所采购的原材料（零部件），以使企业的经营成本降低。

跟催的方式有如下几种：

1. 一般监视

（1）联单法。将采购单按日期顺序排列好，提前一定时间进行跟催。

（2）统计法。将采购单统计成报表，提前一定时间进行跟催。

（3）跟催箱法。制作一个 30 个格子的跟催箱，将采购单依照日期顺序放入跟催箱中，每天跟催相应采购单。

以上方法的目的是保证跟单员不因工作繁忙而遗漏重要事项。

(4) 电子提醒法。利用微软 OUTLOOK 系统中的日历安排计划功能，将每月需要办理的催单事项输入日历，每天上班开机，打开 OUTLOOK 系统，它会自动提醒跟单员当天需要办理的事项。

(5) 定期跟催。于每周固定时间，将要跟催的采购单整理好，打印成报表定期统一跟催。

2. 预定进度时程的监控

倘若采购的原材料为一般性、非重要性的商品，则仅作一般的监控即可，通常仅需注意是否能按规定的期限收到检验报表，有时可用电话查询实际进度。

对于较重大的业务，跟单员可在采购单或采购合同中明确规定，供应商应编制预定进程表。

3. 生产企业的实地查证

对于重要原材料（零部件）的采购，除要求供应商按期递送进度表外，跟单员还可以前往供应商生产企业进行实地考察。此项考察，应在采购单内明确约定，必要时可派专人驻厂监督。

五、原材料采购跟单责任分析

原材料到底能不能按时供应，跟单员有大量艰苦细致的工作要做。在原材料采购跟单工作中，跟单员要事先预计到可能发生的问题，其关键环节主要是对原材料供应商、采购方企业进行控制。原材料供应商可能由于管理、生产、技术等多方原因而出现未能按期提供原材料的情况。采购方企业也有可能由于供应商选择不当或自己工作不到位等原因使供应商未能及时提供原材料。

1. 原材料供应商方面的原因

(1) 管理能力方面。管理能力方面是指生产交货时间计算错误；生产、采购进程管理不健全；质量管理不到位；对再转包管理不严；交货期责任意识不强。

(2) 生产能力方面。生产能力方面是指超过产能接单；临时急单插入；小批量订单需合起来生产；需调度的材料、零配件采购延迟，生产量掌握不正确；不合格品产生较多。

(3) 技术能力方面。技术能力方面是指超过技术工艺标准接单；对新下单产品不熟悉；机器设备故障率高。

（4）其他方面。其他方面包括员工工资低造成工作不努力；春节期间员工流动性大，节后招工不足；企业经营业绩不佳，经营者考虑调整经营方向等。

2. 采购方企业方面的原因

采购方企业方面的原因主要有：

（1）对原材料供应商了解甚少。采购方对原材料供应商的生产能力或技术能力调查不深入，出现原材料供应商选定失误。

（2）技术要求不明确。

（3）沟通不够。

（4）资金问题。

（5）信用危机。

实训任务

1. 任务一

（1）操作资料。根据宁波华美贸易有限公司与英国客商艾斯达公司 15000 件女式上衣的订单，回答问题，完成操作。

（2）操作要求。要求如下：

1）在合同条款“Shell：woven twill 100% cotton 22′×18′/130×64stone washed”中，22′×18′/130×64 代表什么含义？

2）“Lining：100% polyester 230T”中“230T”什么意思？一般羽绒服的里子至少是多少 T？

3）对采购单跟催有几种方法？

4）请以宁波华美贸易有限公司跟单员的身份，根据订单和补充材料对女式风衣的面料要求进行采购，并签订采购合同。

补充材料：①采购合同号：HM20120534-1。②采购合同日期：2012 年 4 月 18 日。③供应商：宁波纺织厂（法定代理人马力）。④单价：15 元/米。⑤数量：卡其色 5000 米，灰色 4000 米。⑥交货地点和时间：买方指定仓库，4 月 30 日。

⑦包装条件：卷筒包装。⑧付款方式：交货后 1 个月凭增值税发票付款。⑨不合格产品处理另议。

宁波华美贸易有限公司
采购合同

电话：________　　　　编号：________
传真：________　　　　日期：________
供应商：________
请供应以下商品（如表 5-2 所示）：

表 5-2　采购清单

型号	货物名称	规格	单位	数量	单价	金额
合计						

（1）交货日期：□　　年　　月　　日以前一次交清。
□分批交货，交货时间：________；数量要求：________。
（2）交货地点：________。
（3）包装条件：________。
（4）付款方式：________。
（5）不合格产品处理：________。
（6）如因交货误期、规格不符、质量不符合要求造成本公司损失的，由卖方负赔偿责任。
（7）如卖方未能按期交货，必须赔偿本公司因此蒙受的一切损失。
（8）其他：________。
（9）开户行：________；账号：________。
地址：________；联系电话：________。
传真：________；联系人：________。
采购单位：（盖章）　　　　供应商：（盖章）

2. 任务二

（1）操作资料。沈阳东方电器制造有限公司与广东宏远塑胶有限公司签订电吹风原料 PC 的采购合同。

1）补充材料：①采购合同号：DF2012056-1 。②采购合同日期：2012 年 4 月 10 日。③型号：BS7110R，用途级别：注塑级，类型：标准料。

2）供应商：广东宏远塑胶有限公司。

地址：广东东莞市衡山路 43 号。

电话：（0769）82113231。传真：（0769）82113232。

开户行：工商银行广东分行。

账号：GSNT34568709。

联系人：赵天。

3）单价：15000 元/吨。

4）数量：2 吨。

5）交货地点：买方指定仓库。

6）包装条件：纸袋包装。

7）付款方式：交货后 1 个月凭增值税发票付款。

8）不合格产品处理另议。

（2）操作要求。请以跟单员的身份根据订单的要求，拟订原材料采购合同。

沈阳东方电器制造有限公司
沈阳市东陵区宏业街 100 号
采购合同

电话：　　　　　　　　　　　　　　　　　　　　　　　　编号：
传真：　　　　　　　　　　　　　　　　　　　　　　　　日期：
供应商：
请供应以下商品（如表 5-3 所示）：

表 5-3　采购清单

型号	货物名称	规格	单位	数量	单价	金额
合计						

（1）交货日期：□　　年　　月　　日以前一次交清。
　　　　　　　□分批交货，交货时间：________；数量要求：____________。
（2）交货地点：________________。
（3）包装条件：________________。
（4）付款方式：________________。
（5）不合格产品处理：________________。
（6）如因交货误期、规格不符、质量不符合要求造成本公司损失的，由卖方负赔偿责任。
（7）如卖方未能按期交货，必须赔偿本公司因此蒙受的一切损失。
（8）其他：________。
（9）开户行：________；账号：________。
地址：________；联系电话：________。
传真：________；联系人：________。
采购单位：（盖章）　　　　　　　　　　　　　　　　供应商：（盖章）

3. 任务三

（1）操作资料。卢安茶业公司根据销售确认书规定的品质要求选购茶鲜叶，通过多方的考察后，选择弘祥茶业有限公司出口茶叶种植基地的茶鲜叶。国家质检总局《关于对出口茶叶种植基地实行检验检疫备案管理的通知》规定，所有出口茶叶加工企业的原料都必须直接来自于在检验检疫机构备案的种植基地。出口欧盟、日本的茶叶生产加工企业应按照国家质检总局《出口茶叶种植基地检验检疫备案条件和要求》选定茶叶种植基地，并且向当地检验检疫局申请备案。为此，卢安茶业公司向福建省检验检疫局申请备案，并与弘祥茶业有限公司签订茶鲜叶采购合同，为乌龙茶的加工生产做必要的准备。

（2）操作要求。完成下列茶鲜叶采购合同（如表 5–4 所示）。

表 5–4　茶鲜叶采购合同

茶鲜叶采购合同

合同号：

日期地点：2015 年 2 月 10 日卢安

甲方（需方）：____________

地址：____________邮编：____________电话：____________

乙方（供方）：弘祥茶业有限公司

地址：福建省安溪县西坪镇 8 号　　邮编：373200　　电话：0595–62445578

根据《中华人民共和国合同法》相关规定，甲乙双方在平等、互利、诚实守信的基础上签订下列条款，共同遵守执行。

1. 乙方向甲方交售的茶鲜叶品名、规格、数量、金额，如下表所示。

采购茶鲜叶条件要求

茶叶品名	规格	数量	单价	总价
	一级		10 元	
金额（大写）：				

2. 结算办法：批货批款、当天兑现。
3. 交货时间地点：乙方于____年____月____日前负责送至甲方指定仓库，运费由乙方承担。
4. 验收办法：乙方向甲方按合同规定的品质交售茶鲜叶，不得掺杂使假，并出示卫生证明、产品检验报告，还应将样品封存保管，在交货时作为验收的依据。
5. 除不可抗力的原因外，任何一方违反本合同，应向对方支付合同金额 10%的违约金。
6. 争议解决：如在本合同履行过程中发生争议，双方应及时协商解决，协商未果按《合同法》解决。

本合同正本一式两份，甲乙双方各执一份，自签字日起生效。

甲方：　　　　乙方：

代表人：陈立　　　　代表人：戴铃

实训练习

1. 单选题

(1) 跟单员进行原材料采购跟单工作的主要任务是确定（　　）。

A. 交货时间合理　　B. 交货价格合理

C. 交货地点合理　　D. 交货数量合理

(2) 跟单员跟踪采购单的最后环节是（　　）。

A. 跟踪原材料生产加工　　B. 跟踪原材料

C. 跟踪加工过程　　D. 跟踪包装入库

(3) 不属于供应商由于管理方面原因所造成原材料供应不及时现象的是（　　）。

A. 质量管理不严　　B. 转包管理不严

C. 交货期忽视　　D. 超过产能接单

(4) 跟单员花费精力最多的跟单环节是（　　）。

A. 制作采购单　　B. 采购单跟踪　　C. 原材料检验　　D. 内部报批

(5) 适当的交货地点是指（　　）。

A. 供应商企业的仓库　　B. 离企业最近且又方便装卸运输的地点

C. 供应商企业的生产线上　　D. 采购商仓库

(6) 跟单员进行原材料采购跟单的中心任务是（　　）。

A. 交货时间　　B. 交货价格　　C. 交货地点　　D. 交货数量

(7) 一个纸箱分成若干格代表日，将采购单按交货期放入相应的格内进行跟催，其为（　　）。

A. 联单法　　B. 跟催箱法　　C. 统计法　　D. 电子提醒法

(8) 将订购单统计成报表，在规定交货期前一定的时间内进行跟催，其为（　　）。

A. 联单法　　B. 跟催箱法　　C. 统计法　　D. 电子提醒法

(9) 跟单员应在规定的交货期前进行催单，目的是（　　）。

A. 提醒供应商按规定时间交货　　B. 提醒供应商按规定质量生产

C. 提醒供应商按规定数量交货　　D. A 与 B

2. 多选题

(1) 采购跟单的原材料主要有（　　）。

A. 零部件　　B. 说明书　　C. 辅料　　D. 原材料采购设备

(2) 原材料采购跟单的主要内容是跟踪供应商的（　　）。

A. 加工过程　　B. 组装总测　　C. 生产加工工艺　　D. 包装入库

(3) 对原材料市场的调查应包括（　　）。

A. 原材料市场的规模　　B. 原材料市场的特点

C. 原材料市场的容量　　D. 原材料市场的环境

(4) 跟单员采取催单的管理方法主要有（　　）。

A. 一般监视　　B. 预定进度时程的监控

C. 会计报表　　D. 生产企业的实地查证

(5) 原材料供应商产生交货延迟或原材料瑕疵等现象的主要原因是（　　）。

A. 生产技术与生产能力不强　　B. 生产管理水准不高

C. 从业人员职业素质不完善　　D. 从业人员职业素质偏低

(6) 跟单员进行催单的具体方法主要有（　　）。

A. 联单法　　B. 跟催箱法　　C. 统计法　　D. 电子提醒法

(7) 以下属于原材料跟单的基本要求的是（　　）。

A. 适当的交货时间　　B. 适当的交货质量

C. 适当的交货地点　　D. 适当的交货数量

(8) 不按期限交货，将产生（　　）后果。

A. 导致生产待料，延误交货期　　B. 因加班，增加人工费用

C. 采用替代品，增加成本　　D. 因超过交货期，支付违约金

(9) 实际业务中会发生停工待料或原材料瑕疵的现象，就采购方的原因，其包括（　　）。

A. 选定的原材料供应商有误　　B. 对原材料供应商技术指导不够

C. 从业人员职业素质较低　　D. 没有新设备

实训项目六

业务外包——采购辅料

技能目标

- 了解外包业务的主要形式
- 明确选择外包业务的基本原则
- 熟悉采购公司提供的服务与工作程序
- 掌握外包跟单业务的主要程序
- 掌握外包跟单业务的主要方法

工作任务　外包业务选择与外包采购公司

【章首案例】

大连海达进出口公司进行辅料业务跟单

大连海达进出口公司根据订单（No.2014111）对全棉弹力牛仔女裙加工工艺的要求，将该产品的拉链辅料外包给上海拉链有限公司进行加工。为此双方就拉链的加工条件进行磋商，并根据双方达成的一致意见签订外包加工合同（如表 6–1 所示）。

表 6-1 拉链加工合同

拉链加工合同

编号：TX10056
日期：2014 年 3 月 27 日

委托方：大连海达进出口公司（甲方）
地址：大连市中山路 132 号
电话：（0411）26588877

加工方：上海拉链有限公司（乙方）
地址：上海市松江开发区 156-08
电话：（021）67809134

双方为开展下列产品的加工业务，经友好协商，特订立本合同。具体内容如下：

第一条　加工内容

加工全棉弹力牛仔女裙金属拉链，其所需的原材料由乙方提供，加工成成品后交付甲方。

第二条　加工数量与规格

加工数量为 18000 条，颜色和规格为蓝灰色 40。

第三条　交货日期

乙方须在 2014 年 4 月 12 日前完成加工，并负责将成品运交甲方指定的地点，运费由乙方负责。

第四条　支付方式

甲方在收到金属拉链并经检验合格后 10 天内，向乙方支付全部加工费壹万捌仟元整。

第五条　不可抗力

由于严重的自然灾害引起的不可抗力事件致使一方不能履约时，该方应尽快将事故通知对方，经有关部门证明后，可免予承担违约责任。

第六条　仲裁

本合同在执行期间，如发生争议，双方应本着友好方式协商解决。如未能协商解决，提请中国上海仲裁机构进行仲裁。

第七条　合同有效期

本合同自签字日起生效。本合同正本一式两份，甲乙双方各执一份。

本合同如有未尽事宜，或遇特殊情况需要补充、变更内容，须经双方协商一致。

委托方：（盖章）　大连海达进出口公司 合同专用章
委托代理人：李明
日期：2014 年 3 月 27 日

加工方：（盖章）　上海拉链有限公司 合同专用章
委托代理人：王娜
日期：2014 年 3 月 27 日

一、外包业务的形式与选择

当今，全球竞争中的成功者已经学会把精力集中在经过仔细挑选的少数核心业务上，也就是集中在能使他们真正区别于竞争对手的技能与知识上。外包就是企业做自己最为擅长的事情（扬己所长），把其他的工作外包给能做好这些事情的专业组织（避己所短）。

1. 外包含义

外包（Outsourcing）一词直译为“外部资源，外部委托”，指企业将其非核心的业务外包出去，让外部最优秀的专业化团队来承接其业务，从而使其专注于核心业务，以降低成本、提高效率、增强企业核心竞争力的一种管理模式。

业务外包是一种管理策略，它指某一公司通过与外部其他企业签订外包（协）合同，将一些非核心的传统上由本公司内部人员负责的业务或职能外包给专业、高效的服务提供商的经营形式。

常见的外包形式有：外协、外购、软件外包、服务外包。

外包就是将某一产品或服务的全部或部分委托给某家或某几家机构承做加工或者进行服务。

外协是指外部协作，由多家机构协作去完成或持续某项工作。

外购，无论是成品或还是半成品、零配件，只要是从外部购买的，就是外购。

将部分生产任务外包给其他企业完成，但同时对产品的质量关注也是至关重要的，因此需要派出跟单员去跟踪产品的质量和交货期，从而保质、保量、按时完成产品的生产任务。

2. 外包业务产生的主要原因

有以下几个原因促使企业实施外包业务：

（1）产能。加工生产的需求增加，导致产能不足，必须通过外包才能完成生产任务。

（2）成本。外包生产比本企业的生产成本更低，利润空间更大。

（3）品质。外包可以获得较佳的品质。

（4）技术。加工产品的结构复杂，依本企业的现有技术水平无法解决。

（5）设备。本企业的设备无法解决或本企业缺乏自制的生产设备。

（6）能源。企业生产期间，突遇电力等能源动力的短缺。

（7）知识产权。本企业没有生产某一商品的专利许可证。

（8）临时性需求。如销售旺季，临时性需求增加。

3. 外包业务的形式

（1）根据内容分。根据外包加工的内容分包工包料和包工不包料两种。

包工包料。包工包料也称成品外包，就是将整个成品的生产任务外包至其他生产企业，生产企业不仅负责采购原材料、辅料等生产资料，而且要按发包方的工艺要求组织生产加工，发包企业按事先商定的标准进行验收并支付货款。

包工不包料。包工不包料指由外包企业提供原材料、辅料、模具等生产要素，其他生产企业只负责生产加工，收取加工费（俗称“工缴费”）。

无论是包工包料还是包工不包料，发包企业都需要派出跟单员到生产企业进行跟单，跟踪质量和交货期。

（2）根据性质分。根据外包加工的性质分成品外包、半成品外包、材料外包。

成品外包。成品外包是指由本企业提供材料或半成品供外包厂商制成成品，其外包加工产品交付后即可当作成品销售或直接由外包厂商交运。

半成品外包。半成品外包指由本企业提供材料和模具等供外包厂商制造，其加工后的半成品还需送回本企业再经过加工，才能完成成品的制造。

材料外包。材料外包指生产企业缺乏制造加工产品需要的材料，需要通过外包加工或采购才能完成原材料的备货，材料外包可为加工生产做好物质准备。

4. 外包跟单应注意的问题

（1）对于下列情况应该避免进行外包作业。①原材料较为贵重，不宜进行外包作业；②原材料或成品在运输过程中，极易破损或变质；③原材料或成品的体积（或重量）过大，会造成高额的运费；④外包数量太少，金额过小，而管理成本过高；⑤外包的成本与自制成本相差无几。

（2）对于下列情况不应该采取外包作业。①有可能泄露本企业的生产技术或机密；②外包的交货期不符合本企业的要求；③外包的品质达不到本企业的要求；④外包的成本大于本企业生产成本；⑤成品无法进行检验。

二、外包质量管理

1. 明确标准

将技术标准和管理标准转化为明确的质量检验标准，使检验人员知道什么是合格产品，什么是不合格产品。

2. 度量

要对产品的一个或多个质量特性，通过物理的、化学的和其他科学技术手段和方法进行观察、测量、试验，取得产品质量的客观数据。

3. 对比

将实际度量结果与质量标准相对比，以检验质量特性是否符合要求。

4. 判定

根据对比结果，判断单件产品或一批产品是否合格。

5. 处理

对于不同的检验类型采用不同的处理方式：对单件产品经检验合格则放行，不合格的则打上标志后隔离存放；对工序检验不合格的，则决定停产或调整；对原材料检验不合格的，则不能入库，需退回。

6. 记录

每次检验都要有记录，并出具“查货报告”，同时要求外包企业的负责人签字确认，以便在下一次的复检中，作为凭据。

三、外包业务的跟单程序

1. 外包的评估

根据所需商品的生产工艺和本企业的生产现状，进行比较分析，作出是否需要外包的评估报告。

2. 外包申请

根据上述的评估报告，确需外包的生产订单，应该及时提出申请，同时为选择外包加工企业做好前期准备工作。

3. 外包加工企业的选择

选择外包生产企业除了加工生产能力、加工生产设备、员工素质、质量意识和控制手段、信用度外，还要考虑价格、交期、数量、交易条件。

4. 外包合同的签订

在确定外包（协）加工企业后，需要依外包（协）的方式不同而与外包加工企业签订不同内容的合同。并对违约责任予以明确。

5. 合同的履行与跟单

如果将签订外包合同当作是完成生产任务的基础，那么合同的履行就是完成生产任务的保障。

在合同的履行期间，委托加工方要派出跟单员跟踪生产任务完成情况。

6. 本次外包的总结

在完成本次外包的跟单任务后，跟单员必须整理资料，交公司归档，同时要对本次外包工作进行总结，以利于再有类似订单时，迅速选择外包加工企业。

外包业务的跟单程序如图 6-1 所示。

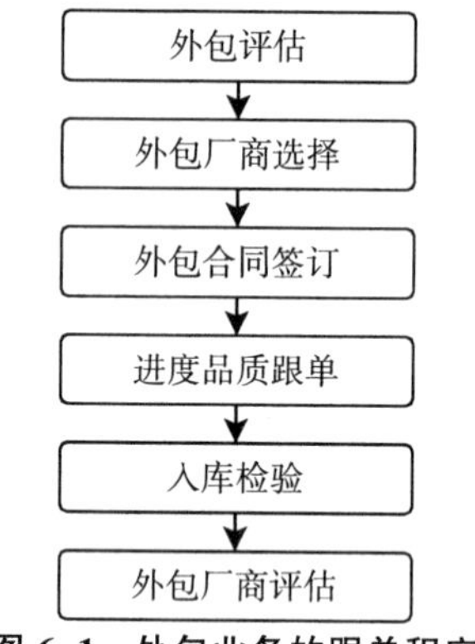

图 6-1　外包业务的跟单程序

四、外包业务跟单的主要方法

1. 选择合格的外包商

（1）合格的外包商的构成要素。成为合格外包商的主要因素有：①质量能力。生产是否符合企业的要求，能否供应优质的产品，是否具备品质保证能力。②供应能力。交货是否准时，数量是否正确，其保障措施如何。③供货价格。价格是否合理，财务状况是否稳定。④管理水平、生产组织是否科学，技术指导的能力是否足够，服务质量如何，采购条件优惠与否。

上述考量内容可通过外包商的质量体系、产品样品的评价、经营的历史情况和该用户的反映等方面进行分析与判断。

（2）外包商的调查。为了做好外包商的管理，跟单员应先期进行外包商的调查，调查的内容主要包括：①管理制度。管理制度是否规范、系统，执行状况是否严格，管理人员的素质高低，管理人员工作经验是否丰富。②专业技术人员。专业技术人员的素质、技术能力和研发能力的高低。③机器设备情况。了解机器设备的名称、规格、性能和使用年限，设备管理制度是否健全，设备管理人员素质的高低。④材料供应状况。包括产品所用材料的供应渠道是否畅通，原材料质量是否稳定，原材料供应保障体系是否完善。⑤财务及信用状况。要分析该企业的经营业绩和发展前景。

（3）外包商调查的途径。外包商的调查途径主要有：①商务网站。商务网站信息量大，方便快捷，费用低，可通过各种商务网站了解外包商的各方面情况。②对外包商进行实地考察。直接对外包商进行访问，搜集有关的信息，写出调查结果。

（4）外包商的评审。根据搜集的外包商的有关信息对其进行正确的评估。评估项目通常包括质量价格情况、经营管理情况、供应能力、技术能力、管理制度绩效和后续服务能力，并根据评估的结果对外包商进行分类、分级。对一些声称什么都能做的外包商要高度警惕，通常这些外包商拿到订单后采取寻找资源再转包的做法，交货时间和质量容易出错，缺乏应变能力。外包商评审的工作应由经理负责，各部门负责人协助工作，经评审通过的为合格供应商，并列入本公司合格供应商名册。

（5）质量保证协议的签订。对达成意向的外包商要签订质量保证协议，规定外包商应承担的质量保证责任。质量保证协议的内容主要有：递交规定的检验或试验数据；由外包商进行批次抽样检验或试验，明确验证的方法和验收的控制程序，如验收报告、封闭检验法、不合格外包货物的处置制度等。

2. 实施对外包商的监控

实施对外包商监控的主要方法：跟单员、品质管理人员入驻外包商工厂，直接监控外包商的生产与检验，并代表本企业处理有关品质事务；对外包商的关键工序进行定期重点监控，要求外包商提供其工艺参数和关键工序的检验记录；要求外包商如果发生主要设备、生产工艺、生产场所等变更的情况，必须事先征得发包企业的许可；跟单员、品质管理员、客户可一起去外包商工厂进行检查监督，防止不良变数的产生。

对供应商进行考核的方法：交货期评分、供货质量评分、综合考核评分。

五、外包采购公司

1. 外包采购公司提供的服务

外包采购公司为买家提供以下服务：提供市场最新信息给买家；评估各厂家，向买家提供适合的厂家及供货商；代表买家采购所需产品；协助工厂生产并监控工厂，保证生产过程符合标准；有计划组织运输和航运送货服务。

2. 外包采购公司的工作业务流程

外包采购公司的工作业务流程如图 6-2 所示。

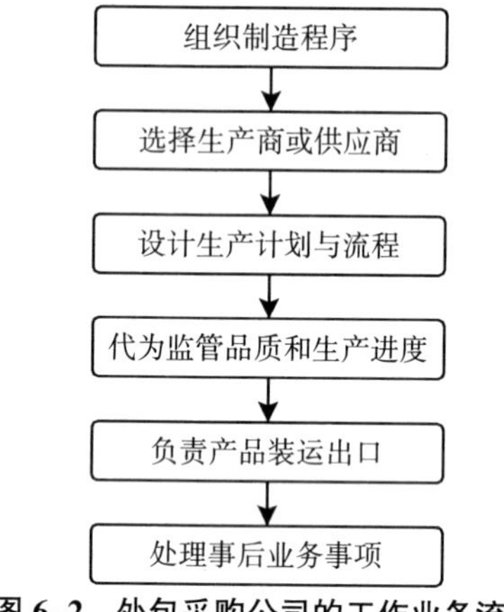

图 6-2　外包采购公司的工作业务流程

实训任务

1. 任务一

（1）操作资料。根据宁波华美贸易有限公司与英国客商艾斯达公司 15000 件女式上衣的订单，回答问题，完成操作。

1）补充材料：①采购合同号：HM20120534-2。②签订日期：2012 年 4 月 20 日。③加工数量为 75000 粒，古铜色。④交货日期：2012 年 4 月 30 日。⑤加工费用：每粒 0.5 元。⑥检查等级：2.5 正常。⑦抽查结果：12 粒不合格。

2）加工方：

名称：苏州进发纽扣有限公司。

地址：苏州市工业开发区 56-11。

电话：（0512）8836998。

（2）操作要求。要求如下：

1）从该客商采购单得知，女式风衣不得使用哪些材料/辅料？

2）对“Button”有什么特殊要求？

请以宁波华美贸易有限公司跟单员的身份，根据订单和补充材料签订纽扣加工合同（如表 6–2 所示）。收到加工货物时，进行品质抽查，判断是否合格。

表 6–2 纽扣加工合同

纽扣加工合同

编号：
日期：

委托方：______（甲方） 加工方：______（乙方）
地址：______ 地址：______
电话：______ 电话：______

双方为开展下列产品的加工业务，经友好协商，特订立本合同。具体内容如下：

第一条 加工内容

加工______，其所需的原材料由乙方提供，加工成成品后交付甲方。

第二条 加工数量与规格

加工数量为______，颜色和规格为______。

第三条 交货日期

乙方须在______前完成加工，并负责将成品运交甲方指定的地点，运费由乙方负责。

第四条 支付方式

甲方在收到纽扣并经检验合格后 10 天内，向乙方支付全部加工费______。

第五条 不可抗力

由于严重的自然灾害引起的不可抗力事件致使一方不能履约时，该方应尽快将事故通知对方，经有关部门证明后，可免予承担违约责任。

第六条 仲裁

本合同在执行期间，如发生争议，双方应本着友好方式协商解决。如未能协商解决，提请中国上海仲裁机构进行仲裁。

第七条 合同有效期

本合同自签字日起生效。本合同正本一式两份，甲乙双方各执一份。

本合同如有未尽事宜，或遇特殊情况需要补充、变更内容，须经双方协商一致。

委托方：（盖章） 加工方：（盖章）
日期： 日期：

2. 任务二

（1）操作资料。参考沈阳东方电器制造有限公司与法国莱塞纳公司的订单，完成（2）所要求的操作。

（2）操作要求。要求如下：

1）东方电器制造有限公司完成吊牌设计草稿后，应该怎样操作才符合法国客商的要求？

2）根据法国客商的订单数量（不考虑溢短装数量），配套的辅料需要外购。如果这些辅料的损耗率为 1%，请分别计算具体的采购数量，并填入表 6–3 所示

表 6-3 辅料采购数量

辅料名称	运算算式	数量
塑料袋		
内盒		
外箱		
吊牌		

相应空格中。

3. 任务三

（1）操作资料。卢安茶业公司根据出口茶叶的包装要求，将茶叶塑料袋包装外包给上海天明塑料制品有限公司进行加工。为此双方就塑料袋的加工条件进行磋商，并根据双方达成的一致意见签订外包加工合同。合同签订后，由卢安茶业公司跟单员进行产品的生产进度与品质跟单，保证销售合同的对外履行。

（2）操作要求。完成下列外包加工合同，加工合同如表 6-4 所示。

补充资料：①原料：1.5MT 塑料粒子。②成品：塑料袋（货号：GB01）48000 个。③加工时间：20 天。

实训练习

1. 单选题

（1）包工包料又称为（　　）。

A. 成品外包　B. 半成品外包　C. 材料外包　D. A 与 B

（2）本企业提供材料和模具等供外包厂商制造，其加工后的半成品返回后再加工为成品，这是（　　）。

A. 成品外包　B. 半成品外包　C. 材料外包　D. A 与 B

（3）需要通过外包加工或采购完成原材料的备货，其为（　　）。

A. 成品外包　B. 半成品外包　C. 材料外包　D. A 与 B

（4）通常选择（　　）进行外包。

A. 核心业务　B. 非核心业务　C. 临时性业务　D. A 与 C

表 6-4　塑料袋加工合同

加工合同

编号：TM0818
日期：2015 年 6 月 2 日

甲方：上海天明塑料制品有限公司	乙方：
地址：上海创业工业园区新天路 200 号	地址：
邮码：201788　　电话：021-33884411	邮编：　　电话：

双方为开展来料加工业务，经友好协商，特订立本合同。

第一条　加工内容

乙方向甲方提供加工所需的原料，甲方将乙方提供加工后的_____交付乙方。

第二条　来料数量与质量

乙方在 2015 年 6 月 10 日前按约定的样品品质向甲方提供，并负责运至甲方工厂交付。如果乙方未能按时、按质、按量向甲方交付，甲方可解除本合同并可向乙方索取停工待料的损失。

第三条　加工数量

加工数量____，质量____。

第四条　产品相关描述和要求

尺寸：30×40 厘米，厚度：20mic。

凭乙方提供样品生产，甲方需在接受本订单后 5 天之内将生产样品寄至乙方确认，乙方确认后方能进行大批量生产。

第五条　交货

甲方在___年___月___日前将加工后的_____负责运至乙方指定的仓库，经验收核准后方可入库。甲方如未能按时、按质、按量交付，应向乙方赔偿由此产生的经济损失。

第六条　加工费与付款方式

加工费用 61520 元。乙方在收到全部加工货物并经验收核准后 10 天内向甲方支付全部加工费。

第七条　不可抗力

由于严重的自然灾害以及双方同意的其他不可抗力引起的事故，致使一方不能履约时，该方应尽快将事故通知对方，并与对方协商延长履行合同的期限。由此而引起的损失，对方不得提出赔偿要求。

第八条　仲裁

本合同在执行期间，如发生争议，双方应本着友好方式协商解决。如未能协商解决，提请中国上海仲裁机构进行仲裁。

本合同如有未尽事宜，或遇特殊情况需要补充、变更内容，须经双方协商一致。

本合同自签字日起生效。本合同正本一式两份，甲乙双方各执一份。

甲方：（盖章）	乙方：（盖章）：
委托代理人：朱明	委托代理人：
日期：	日期：

（5）为了保证外包产品的生产进度与产品质量，以下不属于监控方法的是（　　）。

A. 跟单员、品质管理员入驻监管

B. 对关键工序要求提供工艺参数和检验记录

C. 变更工艺、场所等须事先征得许可

D. A 与 B

(6) 跟单员对外包商调查的途径有多种，以下途径错误的是（　　）。

A. 商务网站　　B. 实地考察　　C. 媒体　　D. 主管单位

2. 多选题

(1) 进行外包业务的主要原因是（　　）。

A. 缺乏相关生产设备　　B. 产能不足

C. 缺乏独特技术或材质　　D. 能获取更大的利润

(2) 外包业务的形式按加工的内容分为（　　）。

A. 包工包料　　B. 包工不包料　　C. 协定方式　　D. A 与 B

(3) 采购公司提供的服务主要包括（　　）。

A. 提供市场最新信息　　B. 提供适合的厂家及供货商

C. 代理采购所需产品　　D. 协助并监控工厂的生产

(4) 成为合格外包商的主要因素是（　　）。

A. 质量能力　　B. 供应能力　　C. 供货价格　　D. 管理水平

(5) 跟单员对外包商的调查内容主要包括（　　）。

A. 管理制度　　B. 专业技术　　C. 机器设备情况　　D. 材料供应状况

(6) 对外包商的评估的项目通常包括（　　）等情况。

A. 质量价格　　B. 经营管理　　C. 供应能力　　D. 技术能力

(7) 对达成意向的外包商要签订质量保证协议，其主要包括（　　）等内容。

A. 递交规定的检验或试验数据

B. 由外包商进行批次抽样检验或试验

C. 明确验证方法和验收控制程序

D. 外包产品的生产方法

实训项目七

生产试样——出口产品样品制作

技能目标

- 了解样品的基本分类及主要作用
- 熟悉样品寄送的主要方式与邮寄费的承担方式
- 掌握样品跟单工作的基本程序
- 掌握样品跟单业务中需要注意的若干问题

工作任务　样品试制跟单的程序与要求

【章首案例】

大连海达进出口公司进行样衣试制跟单

大连海达进出口公司根据订单（No.2014111）对全棉弹力牛仔女裙加工工艺的要求向辽阳华瑞服装厂发出样衣制板通知单（如表 7-1 所示）。辽阳华瑞服装厂根据全棉弹力牛仔女裙的加工工艺进行样衣试制。跟单员将样衣交由客户确认后填写服装封样单，作为大货生产的依据（如表 7-2 所示）。

表 7-1 大连海达进出口公司
样衣制板通知单

电话：0411-26588877　　　　板单编号：TXT888-1
传真：0411-26588876　　　　日期：2014 年 4 月 12 日

客户名称	MANDARS IMPORT Co., Ltd.		
款式数量	全棉弹力牛仔女裙 38 尺码 3 条	完成日期	2014 年 4 月 15 日
面料	组织：99%棉，1%弹力牛仔 规格：32/2×16　96×48 颜色：蓝灰色 用量：1.2 米/件	附：面料样品	
辅料	衬布与用量：全棉细布 20×20　60×60（随样品） 颜色：按原样（随样品） 缝线：20/4 面线	附：各辅料样品	
尺码表（各部位尺寸）	见附页	款式图及度量方法	见附页
车缝工序、工时及制作注意事项		裁剪及品质检查	

表 7-2 大连海达进出口公司
服装封样单

电话：0411-26588877　　　　板单编号：TXT888-2
传真：0411-26588876　　　　日期：2014 年 4 月 20 日

产品名称	全棉弹力牛仔女裙	合同号	TXT264
销往地区	悉尼	商标	
规格尺寸	36、38、40、42	生产数量	18000 条
封样记录	38 码 3 条；工艺与工序说明 1 份		
封样结论	可作为大货生产的依据 大连海达进出口公司 签名：李明 日期：2014 年 4 月 20 日		

一、样品的基本分类

样品的种类很多，一般常用的有宣传推广样、参考样、确认样、成交样、产前样、生产样、出货样等。在不同的行业还有针对本行业的样品分类。

1. 宣传推广样

宣传推广样是指企业用于境内外参展、对外展示的实物。一般是从一批商品中抽取出来的，或是由生产部门设计加工出来能代表今后交货质量的实物，通过样品实物形态向公众展示出商品品质全貌。

2. 参考样

参考样是指卖方向买方提供仅作为双方谈判参考用的样品。参考样与成交样品的性质不同，不作为正式的检验依据。样品寄给买方只作品质、样式、结构、工艺等方面的参考，为产品的某一方面达成共识创造条件。

3. 测试样

测试样是指交由买方客户通过某种测试检验卖方产品品质的样品。如果样品测试结果不能达到客户的要求，客户可能不会下单订货。

4. 修改样

修改样是指买方对样品的某个方面提出修改，修改后卖方又重新寄回买方确认的样品。

5. 确认样

确认样（Approval Sample）是指买卖双方认可、最后经买方确认的样品。在完成确认样品后，必须由技术检验部门评估，只有经技术检验部门评估合格的样品才可发送给客户。评估重点有以下几方面：

（1）所选的材料是否与客户要求完全一致。

（2）样品各个部位的尺寸是否与客户的图纸完全一致。

（3）样品的颜色和包装是否与客户的要求完全一致。

（4）样品的数量是否与客户的要求完全一致。

（5）本企业是否有留样。

6. 成交样

成交样是指卖方交付的标的物与买方保留的样品具有同一质量标准的样品。

7. 产前样

产前样（Pre-production Sample）是指生产之前需寄客户确认的样品。一般是客户为了确认大货生产前的颜色、工艺等是否正确，向卖方提出的基本要求之一。

8. 生产样

生产样是大货生产中的样品。是在随机抽取的前提下，反映大货生产时品质等情况，客户根据生产样，可能会作出一些新的改进指示。

9. 出货样

出货样是指产品已经做好准备出货之前的样品。有些客户就根据这个样品来确定这批货的品质。

此外，在不同的行业中，还有与该行业对应的其他样品种类，例如，纺织服装中的款式样（Pat-tern Sample）、广告样（Salesman Sample）、齐色齐码样（Size/Colour Set Sample）、水洗样（Washed Sample）、船样等。

二、打样

1. 打样的目的

打样过程是由客户、跟单员和研发部门相互协调配合共同完成的，通过打样工作，在工厂方面要达到以下目的：

（1）通过打样研发，积累实践经验。

（2）探讨可行的生产工艺，以保证在大货生产中的工艺可行性、产品质量和生产效率。

（3）打出的样品要达到客户的要求，并能够得到客户的确认，争取得到实质性的生产加工订单。

（4）通过打样开发，增加生产技术储备，提高开发能力和技术水平。

（5）确保订单顺利完成，尤其是多品种、多颜色、多花型、小批量的订单，能够锻炼和提高生产企业的适应能力和应变能力，提高竞争力。

2. 打样跟单的原则

（1）客户的来样要妥善整理并保管，尤其是对同一客户的多个订单对应的多个样品，要认真仔细核对，避免出现差错和混淆。

（2）客户来样要与订单对应，编号或单号要明确且容易分别，有不明确的样品应及时与客户沟通，落实样品的使用方向。

（3）打样过程中应及时了解进程，打好的样品及时送交客户，并跟进客户的批复结果。

（4）在将已打好的样品寄交客户的同时留样并作出记录，包括单号、品质、送样时间及回复结果等。

（5）抓紧时间，提高工作效率，力争在最短时间内打出合格的样品以争取客户的信任和更多的订单。

3. 客户来样与打样

客户来样有两种情况，一种是跟随订单的来样；另一种是单纯来样。

跟随订单来样是针对该订单要求，以合同（订单）附件形式一同下达，打样的时间包括在订单的交货期内。

单纯来样是客户出于试探性或者技术储备的目的，既考察企业生产能力也为订单预先进行准备。

三、样品寄送方式与邮寄费

1. 样品寄送方式

（1）邮政的航空大包。邮政的航空大包价格较便宜，航程大约在两周左右（不含目的国的海关检验和其国内的邮政递送时间），此方法可适用于大宗的低值产品寄送，可在各地邮局办理。一般商品（非危险品）可正常寄送；如系普通化工品，仅需要出具一般的品质证书（证明其无毒、无害、无爆破性等），便于海关查验核实；如系危险化工品或者疑似危险化工品（如钛白粉），需要出具特殊的证明以及特殊托运手续。

需要注明的是，最小邮寄重量是 2 公斤，20 公斤为一个限重单位，超出的部分，需要另行打包计费。

（2）航空快递。航空快递分为国内邮政的国际 EMS 和国外大快递公司（如 FEDEX 联邦快递、DHL 敦豪快递、TNT 等），其费率大致相当，比邮政的航空大包费用贵。若与快递公司有协议，可有折扣价，时间大约是一周左右（或者 3~5 天）。如系普通化工品，仅需要出具一般的品质证书（证明其无毒、无害、无爆破性等），便于海关查验核实手续；如系危险化工品或者疑似危险化工品（如钛白粉），需要出具特殊的证明以及特殊托运的手续。

2. 样品寄送后的状态

客户在未收到样品前，会经常催你寄样，待收到后又长时间不理你，大致有以下几种原因：

（1）对于贸易商，由于不是最终用户，其要提供给他的客户，此样品是寄给最终客户试用的或作展览用的，所以要定期跟催客户。

（2）在收到样品之后，客户或许对质量、款式感到不满意，致使其不再理会。

（3）区分样品属于哪一类，如纺织品，可能有测试或成分检查等，电器则有相关的认证等，这需要一段过程。

（4）仅是想收集样品，已经找到了更好的替代品或将样品放入他们的档案作为收集的资料，找借口搪塞，无任何希望。

（5）可能样品是比较满意的，但相关条件令人不满。碰到这样的事，要有耐心，能有订单最好，若没有，也很正常。要努力去跟催客人的情况，以求好的效果。如果本次不成功并不意味着没有希望，经常保持与客户的联系和沟通，做好潜在客户资料档案的保存。

经过充分调查和分析后，决定要向此潜在客户寄送样品时，可采取的方法：

对于初次交往的客户：①制定公司的样品政策（硬性的）。对任何客户都收取快递费用或者样品费用。但是许诺将来客户下订单时，从货款总值中扣除这笔费用。②电子邮件或传真样品给客户请求确认，要准时、正确、完整地交出样品及其相关资料。③及时告知客户快递信息便于对方做准备及清关。

寄样的确是个比较棘手的问题，确定自己的处理原则：要求对方承担运费，特别是快件。要求对方提供传真或电子邮件，而不仅仅是一个电话，以便有据可查。价值不菲或数量较大时，要求对方付一半样品费，长期客户除外。在发样后定期与其联系，以确认对方对样品质量、外观结构的要求。

3. 样品确认

寄样方式一般采用快递。对快递公司的选择公司一般有自己的偏好习惯，常用的有顺丰速运、申通快递、EMS 快递……使用公司约定的快递公司可以得到及时殷勤的服务，并且方便结账，一般采用签单月结的方式。寄送快递后要保留底单，作为出现意外情况时向快递公司索取理赔的依据和查核物品运送情况的依据。寄送后及时通知客户查收并作出反馈，需要时将单据号和寄送时间告知客户，以确保客户及时查收并且及早给予确认意见。

客户在批核样品过程中要及时跟进。如果客户批复样品时间过长，可能会影响到后续大货生产的交货时间，所以跟单员必须与客户进行有效沟通，及时掌握情况，促使客户及时回复，尽早给出确认意见，争取获得充足的大货生产时间，保证交货期。

客户确认意见应以书面的形式通知，或者采用传真或者电子邮件等有记录可查的方式。如果是货期紧急的订单，可以接受客户通过电话或者口头通知，但是必须请客户补充递交书面形式确认意见，即在送样通知单的批核结果栏里填写确认意见并寄回给跟单员。书面回复可以作为跟单和生产的依据，并且是大货验货甚至交涉理赔时的依据，跟单员应加以妥善保管。

客户一旦确认样品，跟单员应及时通知研发部门和生产部门，组织大货生产。

打样和确认过程，是一个反复的过程，最终目的是使客户满意，认可所有样品，为下一步的大货生产在时间和质量上打好基础。

4. 建立样品资料库/样品间

对于客户确认的样品，应建立样品资料库，将客户的原样及打出经客户确认的样品，集中统一存放。可以建立资料夹，按客户、订单号、样品编号（色号、版号）进行汇集保管，同时将客户和样品确认书附在每一张订单的样品资料中，以方便查询检索，尤其是客户有追加订单的情况时，可以调出资料，直接进入生产阶段，提高生产效率。

样品资料库的建立，可以有多样的作用。

（1）防止样品丢失、损失，达到安全保存的目的。

（2）方便有关人员随时查阅，帮助研发人员研发、改进产品，解决技术问题，提高跟单员的工作效率和准确性。

（3）样品库是外贸企业接单生产实践积累的成果，是展现企业实力、提升企业形象的资本。

（4）建立样品库，当客户在追加订单或者下订单时，方便查找以往的生产经验，以促使客户尽快下单，从而节省时间，提高生产效率，提升企业的竞争力。

【知识链接】

一些值得借鉴的回复

1. 如果样品较少，价格低廉，可以免费提供样品

回复：我司真诚希望与贵司做成生意，愿意免费提供样品，但请客户谅解，由于报价已经很优惠，请与我司共同承担一些负担，提供账号，运费到付。

2. 如果样品比较大，价格比较贵，可以收取费用

回复：由于太多客户来索要样品，但没一点音信，工厂一听到寄样品，就没有多大信心。所以，请客户谅解，请先汇样品费，运费到付。如果没有账号，就汇样品费连同运费。

3. 第三种情况

如果对第二种情况，客户提出只提供账号，运费到付，即使样品较贵也要我们免费提供的话。应提出建议：先付样品费和运费，到正式下订单的时候，再从订单金额中扣除原来的样品费。

这样一说，通常真正的商人是不会有讨价余地而会接受的。

4. 注意事项

首先，在未寄样品前尽量与客户多接触联系，比如，确认一下地址，寄出样品时给其传真邮递底单，跟踪该邮件，反馈内容精简的 E-mail，加深客户的印象。其次，尽可能多地了解该司实力和业务范围，可通过其他客户去了解，同时也让该客户知道有共同认识的朋友，可以加强感情。最后，经常与该客户联络，一有新产品就马上推荐，希望能支持你的业务，或者给他好价格，希望能下个试单，数量由他来定。如果对方有新产品需要，也可以帮他开发。

要求到付，提供样品说明一方做生意的诚意，而对方承担样品运费从另一个侧面也说明客户是否也真正有做生意的诚意。向国外邮寄样品，如样品本身不很昂贵，费用是花在邮寄上。因此坚持邮费由客户支付，样品免费提供，双方都承担一定的费用，对双方都是一个约束。最好在寄出样品时，先向快递公司打听运费，通知客人将以到付的方式寄样品，费用约多少，这样让客户心里有个底。也可以考虑各付一半费用。

对于小客/新客，建议向客人说明公司很乐意随时免费推荐最新潮的产品款式，以吸引更多的客户和生意，但公司又面临负担大数目快递费用的困扰。如果客人愿意为我们分担快递费的话（例如提供到付账号），将是对我们工作极大的支持。这样也可以多推荐一些有新意的样品给客人。

当然，为帮助客人节约快递费，我们推荐新产品给客户都会从实用性考虑，在寄出之前都会通知客户（拍照片给客户看），客户看过确定需要后才寄出。

四、样品跟单中应注意的问题

1. 关注工作流程与细节

有些产品工艺比较复杂，在生产前可以要求工厂打产前样，或为了控制质量，在出货前要求工厂出具产前样。

跟单工作是需要细心和耐心的，时时刻刻注意工厂的生产进度，及时安排船期。在制作各种单证时，一定要特别小心，所有单据都很重要，一定要检查再检查才行。如果是不急的单证，可以事先准备好，在拿出去前再仔细检查一遍，就可以避免不少错误。可以每隔一段时间将工作总结一下，有哪些货要出，哪天要准备哪些文件，哪些样品在打样，哪些事情要回复客户，等等。

2. 客户来样工作程序

收到客户要求打样的新产品时，首先拍照存档，在样品上做好标签，注明几月几日哪个客户寄样，以便日后查询。然后填好打样单及打样要求并将样品寄予工厂，要求其打样。如果是比较重要的样品，还必须要求工厂在打好样后退还样品。

3. 寄样工作程序

工厂打好样品后，根据实际情况，自己留样一份或拍照存档，以便日后与客户商讨。包装样品时要特别注意包装盒不要过大，量好外箱尺寸称好重量，记录存档（以方便与快递公司核对月结清单）。易碎物品在外箱上贴上易碎标志；为防止快递人员弄错，可再用白纸打上发件人、收件人、联系电话、地址贴在外箱上。也须做好记录：寄给谁、寄的目的、所寄物品、快递单号等，以便日后查询。样品寄出后，写邮件通知客户所寄物品、快递单号等。

实训任务

1. 任务一

（1）操作资料。根据宁波华美贸易有限公司与英国客商艾斯达公司 15000 件女式上衣的订单，回答问题，完成操作。

宁波华美贸易有限公司根据订单对女式上衣加工工艺的要求向蓝天服装厂发

出样衣制板通知单。蓝天服装厂根据女式上衣的加工工艺进行样衣试制。跟单员将样衣交由客户确认后填写服装封样单，作为大货生产的依据。

1）补充材料：①样衣板单编号：MH888-1。②日期：2012 年 5 月 3 日。③完成时间：2012 年 5 月 7 日。④款式数量：38 尺码 3 条。⑤面料用量：1.2 米/件。⑥缝线：20/4 面线。

2）服装样品：①服装封样板单编号：MH888-2。②日期：2012 年 5 月 11 日。③封样记录：38 码 3 条；工艺与工序说明 1 份。④封样结论：可作为大货生产的依据。

（2）操作要求。要求如下：

1）根据该客商采购单，外贸跟单员一共需要寄送多少种样品？

2）Lab Dips 是什么样品，写出其含义。

3）外贸跟单员应该采用哪一家快递服务商寄送产前样才能符合采购单要求？

4）在产前样制作之前，需到哪个机构办理什么手续？

5）如果你是外贸跟单员，寄送样品时随附的商品发票应加注什么内容？

6）外贸跟单员寄送样品时，是否需要其所在公司支付快递费？

7）请以宁波华美贸易有限公司跟单员的身份，根据订单和加工合同的有关内容制作产前样的样衣制板通知单和服装封样单（如表 7-3、表 7-4 所示）。

表 7-3 宁波华美贸易有限公司
样衣制板通知单

电话：　　　　　　　　　　　　　　　　　　板单编号：
传真：　　　　　　　　　　　　　　　　　　日期：

客户名称			
款式数量		完成日期	
面料	组织： 规格： 颜色： 用量：	附：	
辅料	衬布与用量： 颜色： 拉链： 缝线：	附：	
尺码表（各部位尺寸）		款式图及度量方法	
车缝工序、工时及制作注意事项		裁剪及品质检查	

表 7–4 宁波华美贸易有限公司
服装封样单

电话：　　　　　　　　　　　　　　　　　　　　　　　　板单编号：
传真：　　　　　　　　　　　　　　　　　　　　　　　　日期：

产品名称		合同号	
销往地区		商标	
规格尺寸		生产数量	
封样记录			
封样结论	签名： 日期：		

2. 任务二

（1）操作资料。参考沈阳东方电器制造有限公司与法国莱塞纳公司的订单，完成下列操作。

（2）操作要求。要求如下：

1）根据采购单和来函，外贸跟单员李明应该分别在何时寄出何种样品？请分别说明。

2）根据采购单和来函，外贸跟单员李明需要寄送的样品数量分别是多少？应该选择哪家国际快递公司寄送才符合采购商的要求？该快递费用由谁承担？

3）跟单员李明在填写快递单据时，必须要加注什么英文信息才符合法国客商要求？请具体写出该信息的中文含义。

4）如果接到法国客商的测试要求，该样品应该寄往哪里？

3. 任务三

（1）操作资料。鲜茶叶经初制成为毛茶，但还不能成为商品茶。商品茶要求品质规格划一、有统一的标准级别，尤其是外销茶不仅品质要求更高，而且外形要均匀。因此，在出口茶叶的加工生产前，根据进口商的要求试制样品，并使其足以反映和代表该批商品的主要品质，每个品种的每一级都设有一个实物标准样，作为各个品种级别的最低参考界限。

卢安茶业有限公司收到香士茶叶有限公司进行加工的毛茶后，根据与日本客商山田商社签订的销售确认书的品质要求进行样品试制，并送茶叶感官审评室和理化检测室进行检验，经检验合格后交山田商社确认，经进口商确认后方可进行大货生产。

（2）操作要求。完成产前样品确认表的试制，如表 7–5 所示。

表 7–5　卢安茶业公司

产前样品确认表

编号：______　　　　日期：______

合同编号		订货客户	
货物名称、等级			生产数量
试制车间	1 车间、4 车间、6 车间、8 车间、10 车间		试制负责人：项铭
产前样品试制数量	4800g	等级	
试制中存在的问题	无		
双方协商处理意见	无		
双方确认（签章）	2015 年 6 月 25 日		山田 2015 年 6 月 25 日

实训练习

1. 单选题

（1）用于参展、对外展示，并能代表该批货物的样品是（　　）。

A. 广告样　　B. 参考样　　C. 测试样　　D. 修改样

（2）仅作为双方谈判参考用的样品是（　　）。

A. 广告样　　B. 测试样　　C. 参考样　　D. 修改样

（3）根据客户对样品修改的意见重新试制，再交其确认的样品是（　　）。

A. 生产样　　B. 出货样　　C. 确认样　　D. 修改样

（4）（　　）是生产和交货的依据。

A. 生产样　　B. 确认样　　C. 出货样　　D. 修改样

（5）对面料、成衣等进行绣或印花后的样品是（　　）。

A. 生产样　　B. 绣/印花样　　C. 辅料样　　D. 款式样

（6）按照客户的工艺要求提供所有颜色和尺寸的样品是（　　）。

A. 齐色齐码样　　B. 绣/印花样　　C. 辅料样　　D. 款式样

(7)(　　)主要适用于大宗低值的样品寄送，最小邮寄重量为2千克，20千克为一个单位。

A. 邮政航空大包　　B. 航空快递　　C. 海运　　D. A与B

(8) 样衣制作必须根据客户提供的款式图或来样设计结构图及纸样进行加工，通常选择(　　)进行结构设计。

A. 大号规格尺寸　　B. 中号规格尺寸　　C. 小号规格尺寸　　D. A与B

2. 多选题

(1) 在大货生产之前交由客户确认的样品主要有(　　)。

A. 修改样　　B. 产前样　　C. 确认样　　D. 色样

(2) 船样是指代表交付货物品质水平的样品，也称(　　)。

A. 船头版　　B. 出货样　　C. 确认样　　D. 大货样

(3) 不同的样品反映了不同商品的品质要求，其主要作用是(　　)。

A. 产品品质的代表　　B. 定价的基础

C. 交货和索赔的依据　　D. 生产企业形象的代表

(4) 样品的品质能直接反映出一个生产企业的(　　)。

A. 开发技术水平　　B. 市场拓展能力

C. 生产制造技术能力　　D. 领导能力

(5) 以海运方式出口的大货，船样须以(　　)方式寄送给买方，用作检验大货品质的依据。

A. 海运　　B. 邮政航空大包　　C. 航空快递　　D. 铁路

(6) 从事国际快递业务的公司主要有(　　)。

A. EMS　　B. DHL　　C. UPS　　D. EEDEX

(7) 寄送样品的费用采用到付的支付方式，通常适用(　　)。

A. 寄送费用低的样品　　B. 成交无法确定的客户

C. 寄送费用高的样品　　D. 新客户

(8) 在国际贸易实务中，样品制作费用一般由(　　)承担。

A. 客户　　B. 厂家　　C. 外贸公司　　D. 共同协商分担

(9) 寄送样品后，应通过快捷方式发出样品通知单，其内容主要包括(　　)等信息。

A. 快递单号　　B. 形式发票　　C. 样品号码　　D. 发送与到达的时间

(10) 样衣制作必须根据客户提供的款式图或来样设计结构图及纸样进行加工，其设计方法主要有（　　）。

A. 原形法　　B. 比例分配法　　C. 立体造型设计法　　D. 模拟法

实训项目八

生产过程——生产进度控制

技能目标

- 熟悉生产进度跟单的基本程序
- 掌握生产进度控制的主要方法
- 掌握生产进度异常的主要对策

工作任务　生产进度跟单的程序与要求

【章首案例】

大连海达进出口公司进行生产进度跟单

大连海达进出口公司根据加工合同的要求向辽阳华瑞服装厂下达生产通知单（如表 8-1 所示），在 BCK 进出口有限公司客商确认大连海达进出口公司提供的产前样后，编制生产计划表（如表 8-2 所示），在生产过程中，跟单员如果发现实际生产进度与计划进度有差异，必须和加工企业一起共同查找原因，采取有效措施，控制生产进度（如表 8-3 所示）。

表 8-1 大连海达进出口公司

生产通知单

电话：0411-26588877　　编号：TXT888
传真：0411-26588876　　日期：2014 年 4 月 22 日

<table>
<tr><td>加工单位</td><td colspan="2">辽阳华瑞服装厂</td><td colspan="2">加工合同编号</td><td>TXT888</td><td>生产日期</td><td>2014 年 4 月 26 日</td></tr>
<tr><td>产品名称</td><td colspan="2">全棉弹力牛仔女裙</td><td colspan="2">生产数量</td><td>18000 条</td><td>完工日期</td><td>2014 年 5 月 26 日</td></tr>
<tr><td>规格型号</td><td colspan="5">蓝灰色（36、38、40、42）</td><td>交货期限</td><td>2014 年 5 月 28 日</td></tr>
<tr><td>工艺要求</td><td colspan="7">与确认样一致</td></tr>
<tr><td>质检要求</td><td colspan="7">与确认样一致</td></tr>
<tr><td>包装要求</td><td colspan="7">6 条混码装入一个小胶袋，3 个小胶袋装入一个大胶袋，一个大胶袋装入一只出口纸箱</td></tr>
<tr><td colspan="8">使用材料</td></tr>
<tr><td>序号</td><td>料号</td><td>品名</td><td>规格</td><td>单位</td><td>单机用量</td><td>标准用量</td><td>损耗率</td></tr>
<tr><td>1</td><td>TX342</td><td>99%棉，1%弹力牛仔</td><td>32/2×16 96×48 蓝灰色</td><td>米</td><td></td><td></td><td>0.2%</td></tr>
<tr><td></td><td></td><td></td><td></td><td></td><td></td><td></td><td></td></tr>
<tr><td></td><td></td><td></td><td></td><td></td><td></td><td></td><td></td></tr>
<tr><td></td><td></td><td></td><td></td><td></td><td></td><td></td><td></td></tr>
<tr><td colspan="2">生产方法</td><td colspan="6">按工艺单要求</td></tr>
</table>

<table>
<tr><td rowspan="13">附件</td><td>号码</td><td>36</td><td>38</td><td>40</td><td>42</td><td>公差</td></tr>
<tr><td>腰围</td><td>40</td><td>42</td><td>44</td><td>46</td><td>1</td></tr>
<tr><td>腰高</td><td>5</td><td>5</td><td>5</td><td>5</td><td>1</td></tr>
<tr><td>臀围（裆上 7 厘米）</td><td>47.5</td><td>53.5</td><td>56.5</td><td>59.5</td><td>0.5</td></tr>
<tr><td>横裆</td><td>28</td><td>29</td><td>30</td><td>31</td><td>1</td></tr>
<tr><td>膝围（距裆底 38 厘米）</td><td>19</td><td>20</td><td>21</td><td>22</td><td>0.5</td></tr>
<tr><td>脚口</td><td>20</td><td>20</td><td>21</td><td>21</td><td>1</td></tr>
<tr><td>前浪</td><td>19.5</td><td>20.5</td><td>21.5</td><td>22.5</td><td>1</td></tr>
<tr><td>后浪</td><td>31.5</td><td>32.5</td><td>33.5</td><td>34.5</td><td>1</td></tr>
<tr><td>拉链</td><td>8</td><td>8</td><td>9</td><td>9</td><td>1</td></tr>
<tr><td>内长</td><td>49</td><td>50</td><td>51</td><td>52</td><td>0.5</td></tr>
<tr><td>生产要求</td><td colspan="5">（1）请严格按生产通知单以及各项要求组织生产
（2）请制作产前样 3 条/ 38 码
（3）请用正面的材料
（4）按加工合同规定的交货时间按质完成</td></tr>
</table>

表 8-2 大连海达进出口公司
生产计划表

工作天数：25 日　　合同号：TXT888　　日期：2014 年 4 月 24 日

序号	批号	产品名称	数量	制造单位	生产日期		预定出货日期	备注
					开工	完工		
1		全棉弹力牛仔女裙	18000	件	2014 年 4 月 26 日	2014 年 5 月 26 日	2014 年 5 月 31 日	

业务经理：章立　　生产主管：李烈

表 8-3 大连海达进出口公司
跟单进度汇总表

编号：LI486　　跟单员：李明

加工合同号	品名	规格	生产日期	生产数量	累计数量	计划差数	统计日期
TXT888	全棉弹力牛仔女裙	36 码	4 月 26~30 日	625 条	0	0	5 月 1 日
		38 码	4 月 26~30 日	1250 条	0	0	
		40 码	4 月 26~30 日	1250 条	0	0	
		42 码	4 月 26~30 日	625 条	0	0	
TXT888	全棉弹力牛仔女裙	36 码	5 月 3~7 日	625 条	4375 条	0	5 月 8 日
		38 码	5 月 3~7 日	1250 条	5625 条	0	
		40 码	5 月 3~7 日	1250 条	6875 条	0	
		42 码	5 月 3~7 日	625 条	7500 条	0	
TXT888	全棉弹力牛仔女裙	36 码	5 月 10~14 日	625 条	8125 条	0	5 月 15 日
		38 码	5 月 10~14 日	1250 条	9375 条	0	
		40 码	5 月 10~14 日	1250 条	10625 条	0	
		42 码	5 月 10~14 日	625 条	11250 条	0	
TXT888	全棉弹力牛仔女裙	36 码	5 月 17~21 日	625 条	11875 条	0	5 月 22 日
		38 码	5 月 17~21 日	1250 条	13125 条	0	
		40 码	5 月 17~21 日	1250 条	14375 条	0	
		42 码	5 月 17~21 日	625 条	15000 条	0	
TXT888	全棉弹力牛仔女裙	36 码	5 月 24~26 日	500 条	15500 条	0	5 月 28 日
		38 码	5 月 24~26 日	1000 条	16500 条	0	
		40 码	5 月 24~26 日	1000 条	17500 条	0	
		42 码	5 月 24~26 日	500 条	18000 条	0	
合计				18000 条	18000 条		

一、生产进度跟单的要求

生产进度跟单的基本要求是使生产企业能按订单及时交货。及时交货就必须使生产进度与订单交货期相吻合，尽量做到不提前交货，也不延迟交货。生产进度跟单的流程是：下达生产通知单，制订生产计划及跟踪生产进度。

1. 生产企业不能及时交货的主要原因

（1）企业内部管理不当。如紧急订单插入，生产安排仓促，导致料件供应混乱，延误生产交货。

（2）计划安排不合理或漏排。

（3）产品设计与工艺变化过多。

（4）产品质量控制不好。不合格产品增多，成品合格率下降，影响成品交货数量。

（5）生产设备跟不上。

（6）产能不足。

2. 按时交货跟单要点

（1）加强与生产管理人员的联系，明确生产、交货的权责。

（2）减少或消除临时、随意的变更，规范设计、技术变更要求。

（3）掌握生产进度，督促生产企业按进度生产。

（4）加强产品质量、不合格产品、外协产品的管理。

（5）妥善处理生产异常事务。

二、生产进度跟单的程序

1. 下达生产通知单

（1）落实生产通知单内各项内容。跟单员接到订单后，应将其转化为企业下达生产任务的生产通知单，在转化时应明确客户所订产品的名称、规格型号、数量、包装、出货时间等要求。跟单员需与生产企业或本企业有关负责人对订单内容逐一进行分解，转化为生产企业的生产通知单内容。

（2）协调生产通知单遇到的问题。有时会发生生产通知单受到生产车间具体生产操作上的技术、原材料供应限制等问题。跟单员必须及时了解掌握生产通知单具体下达到车间后，在生产执行时遇到的困难情况。对于生产车间不能解决的技术问题或生产出来的产品无法达到客户要求的情况，跟单员应及时与有关部门协商，在技术问题无法解决前，不能生产。

(3) 做好生产通知后的意外事件处理。如遇意外事件导致订单无法按时、按质完成，跟单员需要反复核实，并做好多种应急事件处理准备工作，及时调整生产通知单个别内容，或及时调整生产厂家另行下达生产通知。

2. 产前试样

大货生产前要使用大货原料和辅料按工艺要求进行试样，由品质管理部对产前样进行检验，并由客商确认后，方可进行大货生产。

3. 制订生产计划

跟单员应协助生产管理人员将订单及时转化为生产计划，以便产品能顺利生产。

(1) 生产计划的制订。生产计划的制订主要是依据订单要求、前期生产记录、计划调度以及产能分析而制订的。计划的内容主要有各月份、各规格、设备及销售类别的生产数量，并且每月应进行一次修订。

(2) 月度生产计划的制订。月度生产计划的内容包括当月各批号、产品名称、生产数量、生产日期、生产单位的产量等。

(3) 一周生产计划的制订。一周生产计划是由月份生产计划或紧急订单转换而制订的，它是具体生产安排及物料控制的依据。

4. 跟踪生产进度

对生产进度的控制有以下工作程序：

(1) 跟单员通过生产管理部门每日的“生产日报表”统计，调查每天的成品数量及累计完成数量，以了解生产进度并加以跟踪控制，以确保能按订单要求准时交货。

(2) 跟单员可利用每日实际生产的数字同预定生产数字加以比较，看是否有差异，以追踪记录每日的生产量。

(3) 跟单员发现实际进度与计划进度产生差异，应及时查找原因。如属进度发生延误导致影响交货期，除追究责任外，应要求企业尽快采取各种补救措施，如外包或加班等。

（4）企业采取补救措施后，跟单员应调查其结果是否有效，如效果不佳，跟单员应要求企业再采取其他补救措施，一直到问题得到解决为止。

（5）补救措施无效，仍无法如期交货时，跟单员应及时联络并争取取得境外客户谅解，并征取延迟交货日期。

三、生产进度跟单的主要内容

1. 生产进度控制

生产进度控制重点是计划落实执行情况、机器设备运行情况、原材料供应保障情况、不合格及报废率情况、临时任务或特急订单插入情况、各道工序进程、员工工作情绪等。

2. 生产进度异常对策

生产进度异常现象与对策如表 8–4 所示。

表 8–4 生产进度异常现象与对策

生产进度异常现象	导致后果	应对措施
未按计划排产	影响生产进度及交货	告知相关部门，要求立即列入排产计划
未按计划生产	影响生产进度及交货	要求生产计划部门尽快列入车间日生产计划；向本公司主管发出异常通知；催查落实生产情况
延迟计划进程	影响交货进度	发出异常通知；查清进程延迟原因，并加班加点赶工；督促生产落实情况
未按计划入库	影响整体交货	发出异常通知；查清未入库原因，采取对应措施
不合格产品增多	影响整体交货	检查设备性能；检查工艺是否符合要求；检查装配流程是否正确；增补生产备料；加班加点

发生各种生产异常，其影响最终体现于生产进度无法按计划进行。跟单员在生产过程中要掌握生产异常情况，及时进行跟踪工作。

3. 处理客户临时变更情况

（1）数量变更。数量增加对生产进度的影响较大，必须考虑到当前的生产能力是否允许，在生产设备与人力许可的条件下，通过加班加点可以突击完成的，可与其签订合同补充条款，作为合同的附件；如果当前生产能力难以满足，应说明理由予以拒绝，并坚持原来的合同条款。

（2）交货期变更。交货期的提前或延迟对加工单位的生产管理都有较大的影响，跟单员必须与加工单位协商并作出合适的对策。如果交货期提前，采取加班赶工可以完成，并由客户支付因加班赶工的费用，可以接受。反之，可拒绝接受提前交货的要求。如果交货期延迟，其会增加加工单位或贸易公司的仓储管理费，只要客户愿意承担这部分的有关费用，应满足客户延迟交货的要求。

四、加工过程跟单

在加工企业中跟单员工作的目的是使客户订单的实施与完成更加及时和准确；通过跟单的监督检查工作，提高订单的完成数量、产品质量、工作效率，达到提高企业应变能力的目的；加强与客户的关系；对企业资源合理使用。

1. 在加工过程中跟单工作的职责

在加工过程中跟单工作的职责是全面了解并准备客户的订单资料——数量、质量、交货期、样品，确认意见，更正资料；复杂客户订单实施过程的联系、沟通、协调、准备以及资料总汇等；根据生产计划，对加工过程进行有效协调和控制，为主管提供及时的信息；收集、分析、统计订单实施过程的信息，及时处理异常情况；熟悉掌握加工技术知识，预先做好应急方案，细化前期的准备工作；知晓业务沟通、协调过程，言行得体，不因任何理由言行过激；积极配合主管人员的工作，不越权表态，及时请示汇报；统计、汇总、存档交易过程中的订单、技术资料、往来文件等，作为订单实施的依据。

2. 跟单作业流程

跟单作业流程是订单评审—打样—生产加工—产品交付。

3. 生产过程中的跟单工作是外贸跟单的核心

在打样结束后，进入订单的生产加工实施过程。在实际操作中会出现一张订单中有多个品种花色，客户确认一张订单中的某些样品，其余还在试小样阶段，这时候就要抓交货期，使已经确认样品的花色品种进入大货生产，所以事实上会出现打样与大货生产同步进行的情况。遇到大订单时，使已确认的花色品种先进入大货生产阶段，未确认的样品在陆续确认后进行生产衔接，这样既保证了生产的连续性，提高了生产效率，又节省了时间，应对突发事件有了余地，力争保证产品质量，保证交货期。

实训任务

1. 任务一

（1）操作资料。宁波华美贸易有限公司指派跟单员李明对该票订单进行驻厂跟进。2012 年 5 月 21 日（星期一）开始生产，2012 年 6 月 1 日交货，每周工作 5 天，每天 8 小时工作，为此李明编制了生产进度表。由于 5 月 19 日部分设备出现故障且暂时无法修复，为了准时交货，李明和工厂商议，决定 5 月 26 日加班一天，并从 5 月 28 日起，每天工作时间延长 2 小时。

（2）操作要求。请根据这些信息填写表 8-5 中剩下几天的内容（表中的（1)~(10))。

表 8-5 DAILY CAPACITY SUMMARY

单位：件

日期	当日产量	总产量	剩余产量	剩余工作日（天）	剩余工作日的平均产量
May.21 星期一	1000	7000	8000	9	1000
Jan.22 星期二	1000	8000	7000	8	1000
May.23 星期三	700	8700	6300	7	900
May.24 星期四	700	9400	5600	6	934
May.25 星期五	700	10100	4900	5	980
May.26 星期六	700	（1）	4200	（7）	840
May.28 星期一	875	（2）	（4）	（8）	（9）
May.29 星期二	875	12550	2450	3	816
May.30 星期三	875	（3）	1575	2	(10)
May.31 星期四	875	14300	（5）	1	700
June.1 星期五	700	15000	（6）	0	0

2. 任务二

（1）操作资料。参考沈阳东方电器制造有限公司与法国莱塞纳公司的订单，完成下列操作。

补充资料：①编号：094562。②日期：4 月 20 日。

（2）操作要求。应法国客商的要求，外贸跟单员李明设计制作了一份“进度作业书”，并通过电子邮件发给法国客商。如果该电吹风产品的生产时间为一个月（自所有合格辅料到达工厂仓库之日算起）。请结合该订单的出运时间和法国客商“客检”时间要求，帮助李明逐项填写所需的项目内容（如表 8-6 所示）。

表 8-6 东方电器制造有限公司
进度作业书

采购商：__________ 客商订单号：__________
编　号：__________ 日期：__________

品名		数量（个）	时间		
			入库	客检	船期
辅料部分	塑料袋				
	内盒				
	外箱				
	价格牌				
成品部分	MT201Y				6 月 8 日
	MT202Y				6 月 8 日
	MT203Y				6 月 8 日
	MT204Y				6 月 8 日

3. 任务三

（1）操作资料。操作资料如下：

1）卢安茶业公司编制生产计划，如表 8-7 所示。

表 8-7 卢安茶业公司生产计划表

工作天数：40 日　　合同号：FT09021　　日期：2015 年 6 月 27 日

批号	货物名称、等级	数量	单位	生产日期		预定出货日期	备注
				开工日期	完工日期		
1	乌龙茶　一级	48000	公斤	2015 年 6 月 29 日	2015 年 8 月 28 日	2015 年 8 月 29 日	

业务经理：王里　　生产主管：袁小方

2）陈立先生进行生产进度跟单。跟单从2015年6月29日开始，按照工序制订出生产日报表和周生产日程表，如表8-8至表8-17所示。

表8-8　卢安茶业公司生产日报表

填表人：胡娜　　　　日期：2015年6月29日

生产部门	筛分		切轧		风选		干燥		包装	
	当天	累计	当天	累计	当天	累计	当天	累计	当天	累计
1车间	400公斤									
2车间	400公斤									
3车间	400公斤									
小计	1200公斤									

注：此后进度与上述一致，截至2015年8月24日完成，其中周六、周日为非工作日。

工序点评

■ 筛分目的是整理形状，分离茶叶大小、长短、轻重、粗细、厚薄等，以达到外形一致。

■ 毛茶加工过程中的筛分有长短筛分、粗细筛分、轻重与厚薄筛分，筛分的动作有迴转（左右）、摆动和跳动三种。

■ 跟单员可通过生产日报表的统计，掌握每天及累计完成的半成品数量。

■ 跟单员如发现实际生产进度与计划进度有差异，应及时查找原因并采取对策。

表8-9　卢安茶业公司生产日报表

填表人：张新　　　　日期：2015年6月30日

生产部门	筛分		切轧		风选		干燥		包装	
	当天	累计	当天	累计	当天	累计	当天	累计	当天	累计
4车间			600公斤							
5车间			600公斤							
小计			1200公斤							

注：此后进度与上述一致，截至2015年8月25日完成，其中周六、周日为非工作日。

工序点评

■ 切轧目的是整理形状，改变茶叶外形，处理不能通过筛网的粗与弯曲等的毛茶。

■ 毛茶加工过程中的切茶方法有滚切、园切、轧片和粉碎等。

表 8-10　卢安茶业公司生产日报表

填表人：马丁　　日期：2015 年 7 月 1 日

生产部门	筛分		切轧		风选		干燥		包装	
	当天	累计	当天	累计	当天	累计	当天	累计	当天	累计
6 车间					600 公斤					
7 车间					600 公斤					
小计					1200 公斤					

注：此后进度与上述一致，截至 2015 年 8 月 26 日完成，其中周六、周日为非工作日。

工序点评

■ 风选目的是区分茶叶的轻重和厚薄，剔去黄片、茶末、碎片等夹杂物，以期辅助筛分，达到形状匀齐、轻重一致的要求。

■ 毛茶加工过程中的风选机有八个出口，后四口通过开闭来调风，前四口分别称正口、正子口、子口、次子口，一般来说正口茶质量较好，正子口、子口、次子口的质量依次降低。通过风选就把茶叶按轻重不同分成许多不同的等级，所以风选过程亦是定级的重要过程。

表 8-11　卢安茶业公司生产日报表

填表人：昭林　　日期：2015 年 7 月 2 日

生产部门	筛分		切轧		风选		干燥		包装	
	当天	累计	当天	累计	当天	累计	当天	累计	当天	累计
8 车间							600 公斤			
9 车间							600 公斤			
小计							1200 公斤			

注：此后进度与上述一致，截至 2015 年 8 月 27 日完成，其中周六、周日为非工作日。

工序点评

■ 干燥目的在于蒸发水分，达到出厂水分符合要求，并能提升色、香、味、形。

■ 毛茶加工过程中的干燥作业主要是补火，即在加工完毕装箱前，采用炒车或烘车，增加茶叶香味，减少水分，提高茶叶的耐藏性。

表 8–12　卢安茶业公司生产日报表

填表人：韩辛　　日期：2015 年 7 月 3 日

生产部门	筛分		切轧		风选		干燥		包装	
	当天	累计	当天	累计	当天	累计	当天	累计	当天	累计
10 车间									60 箱	
小计									60 箱	

注：此后进度与上述一致，截至 2015 年 8 月 28 日完成，其中周六、周日为非工作日。

表 8–13　卢安茶业公司周生产日程表

填表人：胡娜　　日期：2015 年 7 月 3 日

生产部门	筛分（6 月 29 日至 7 月 3 日）		切轧		风选		干燥		包装	
	计划	实绩	计划	实绩	计划	实绩	计划	实绩	计划	实绩
1 车间	2000 公斤	2000 公斤								
2 车间	2000 公斤	2000 公斤								
3 车间	2000 公斤	2000 公斤								
小计	6000 公斤	6000 公斤								

表 8–14　卢安茶业公司周生产日程表

填表人：张新　　日期：2015 年 7 月 3 日

生产部门	筛分		切轧（6 月 30 日至 7 月 3 日）		风选		干燥		包装	
	计划	实绩	计划	实绩	计划	实绩	计划	实绩	计划	实绩
4 车间			2400 公斤	2400 公斤						
5 车间			2400 公斤	2400 公斤						
小计			4800 公斤	4800 公斤						

表 8–15　卢安茶业公司周生产日程表

填表人：马丁　　日期：2015 年 7 月 3 日

生产部门	筛分		切轧		风选（7 月 1~3 日）		干燥		包装	
	计划	实绩	计划	实绩	计划	实绩	计划	实绩	计划	实绩
6 车间					1800 公斤	1800 公斤				
7 车间					1800 公斤	1800 公斤				
小计					3600 公斤	3600 公斤				

表 8–16 卢安茶业公司周生产日程表

填表人：昭林　　　　日期：2015 年 7 月 3 日

生产部门	筛分		切轧		风选		干燥（7 月 2~3 日）		包装	
	计划	实绩	计划	实绩	计划	实绩	计划	实绩	计划	实绩
8 车间							1200 公斤	1200 公斤		
9 车间							1200 公斤	1200 公斤		
小计							2400 公斤	2400 公斤		

表 8–17 卢安茶业公司周生产日程表

填表人：马丁　　　　日期：2015 年 7 月 3 日

生产部门	筛分		切轧		风选		干燥		包装（2015 年 7 月 3 日）	
	计划	实绩	计划	实绩	计划	实绩	计划	实绩	计划	实绩
10 车间									60 箱	60 箱
小计									60 箱	60 箱

（2）操作要求。陈立先生为了控制生产进程，通过本公司各生产车间的生产日报表和周生产日程表来确定实际生产的进度，判断生产进程是否正常，并根据实际生产进展填制跟单进度汇总表。请完成表 8–18 中生产数量和累计数量。

表 8–18 卢安茶业公司跟单进度汇总表

跟单员：陈立　　　　编号：FA090802

合同号	货名、等级	加工内容	生产日期	生产数量	累计数量	计划差数	统计日期
FT09021	乌龙茶　一级	筛分	6 月 29 日至 7 月 3 日			0	7 月 4 日
		切轧				0	
		风选				0	
		干燥				0	
		包装				0	
FT09021	乌龙茶　一级	筛分	7 月 6~10 日			0	7 月 11 日
		切轧				0	
		风选				0	
		干燥				0	
		包装				0	
FT09021	乌龙茶　一级	筛分	7 月 13~17 日			0	7 月 18 日

续表

合同号	货名、等级	加工内容	生产日期	生产数量	累计数量	计划差数	统计日期
		切轧				0	
		风选				0	
		干燥				0	
		包装				0	
FT09021	乌龙茶　一级	筛分	7 月 20~24 日			0	7 月 25 日
		切轧				0	
		风选				0	
		干燥				0	
		包装				0	
FT09021	乌龙茶　一级	筛分	7 月 27~31 日			0	8 月 1 日
		切轧				0	
		风选				0	
		干燥				0	
		包装				0	
FT09021	乌龙茶　一级	筛分	8 月 3~7 日			0	8 月 8 日
		切轧				0	
		风选				0	
		干燥				0	
		包装				0	
FT09021	乌龙茶　一级	筛分	8 月 10~14 日			0	8 月 15 日
		切轧				0	
		风选				0	
		干燥				0	
		包装				0	
FT09021	乌龙茶　一级	筛分	8 月 17~21 日			0	8 月 22 日
		切轧				0	
		风选				0	
		干燥				0	
		包装				0	
FT09021	乌龙茶　一级	筛分					
		切轧	8 月 24~25 日			0	8 月 26 日
		风选	8 月 24~26 日			0	8 月 27 日
		干燥	8 月 24~27 日			0	8 月 28 日
		包装	8 月 24~28 日			0	8 月 29 日

实训练习

1. 单选题

(1) 以下不属于跟单员实施生产进度跟进的情形是（　　）。

A. 员工的工作状态　　B. 不合格率　　C. 测试样　　D. 修改样

(2)（　　）是进行大货生产的依据。

A. 生产样　　B. 产前样　　C. 款式样　　D. 修改样

(3) 试制产前样有很多作用，以下表述错误的是（　　）。

A. 确认生产方案可行性　　B. 提供可靠的技术资料与数量

C. 提供各工序完工所需时间及总工时　　D. 可提高职工的素质

(4) 产前样衣确认表通常由（　　）填写。

A. 业务员　　B. 跟单员　　C. 单证员　　D. A 与 B

(5) 跟单员可通过加工生产企业的（　　）每日的统计，掌握每天及累计完成的成品数量。

A. 周生产日程表　　B. 生产计划　　C. 生产日报表　　D. A 与 B

2. 多选题

(1) 跟单员通常通过（　　）的统计实施生产进度跟进，以确保准时交货。

A. 生产日报表　　B. 周生产日报表　　C. 每天实地查看　　D. A 与 C

(2) 跟单员实施生产进度跟进的重点内容是（　　）。

A. 生产计划执行情况　　B. 原材料供应保障情况

C. 各道工序进展情况　　D. 机器设备运行情况

(3) 跟单员实施生产进度跟进时发现未按计划排产，其应采取的对策是（　　）。

A. 及时告知相关部门　　B. 要求立即列入排产计划

C. 及时告知客户　　D. 及时告知检验部门

(4) 跟单员实施生产进度跟进时发现未按计划生产，其应采取的对策是（　　）。

A. 要求尽快列入车间日生产计划　　B. 向本公司主管发出异常通知

C. 催查落实生产情况　　D. 寻找新的生产商

（5）跟单员实施生产进度跟进时发现迟于计划进程，其应采取的对策是（　　）。

A. 寻找新的生产商　　B. 加班加点

C. 督促生产落实情况　　D. 向本公司主管发出异常通知

（6）跟单员实施生产进度跟进时发现不合格产品增多，其应采取的对策是（　　）。

A. 检查设备性能　　B. 检查工艺是否符合要求

C. 检查装配流程是否正确　　D. 增补生产备料、加班加点

实训项目九

生产过程——产品品质监控

技能目标

- 了解产品质量的构成要素
- 熟悉生产过程中质量监控的主要方法
- 熟悉产品质量检验的主要方法
- 掌握 GB2828 抽样检查的方法

工作任务　产品质量控制与检验方法

【章首案例】

大连海达进出口公司进行品质跟单

跟单员李明认真分析全棉牛仔女裙的生产工艺单和产品质量要求等技术文档，根据产前样的要求，对品质控制进行跟进，协同辽阳华瑞服装厂质管人员对半成品和产品的质量进行检验，做好质量监控工作，确保按合同规定交货。

检验步骤如下：

第一步：总量为 18000（属于 10001~35000），则根据 GB2828 的规定（如

表 9-1 所示)，样本代码为 M。

第二步：在样本代码 M 的右边样本量栏内找出抽样数为 315 件。

第三步：根据 MAJOR 和 MINOR 的 AQL 分别为 1.0/4.0，分别读出［Ac，Re］分别为［7，8］和［21，22］。

第四步：实际抽检中的 MAJOR 和 MINOR 的不合格产品的数量为 6 件和 20 件，判定本批货物为合格产品。

一、出口产品质量检验目的、职责及构成要素

严格把住质量关，是企业按标准、工艺、图样组织生产的要求，是确保国家利益和客户利益的需要，同时也是维护企业信誉和提高经济效益的需要。

1. 出口产品或零部件检验的主要目的

(1) 判定产品或零部件的质量合格与否。

(2) 通过检验和试验，证实产品或零部件是否达到规定的质量要求。

(3) 产品质量评定。通过质量检验和试验确定产品缺陷严重程度，为质量评定和质量改进提供依据。

(4) 考核过程质量，获取质量信息。

(5) 仲裁质量纠纷。

2. 出口产品质量检验工作职能

(1) 鉴别职能。根据检验结果判定产品或零部件的合格与不合格，从而起到鉴别的作用。

(2) 把关职能。通过认真的质量检验，剔除不合格品，把住产品质量关，实现把关职能。

(3) 预防职能。把影响产品质量的异常因素加以控制与管理，实现“既严格把关又积极预防”的目的。

(4) 报告职能。把在生产全过程质量检验中所获得的质量信息、数据和情报，认真做好记录，及时进行整理、分析和评价，与有关部门沟通并向领导报告，为领导作质量决策提供依据。

(5) 出口产品检验的四项职能相互关联，是一个完整系统。检验工作的首要职能就是把关，鉴别职能是把关职能的前提，报告职能是把关职能的继续和延

表 9-1　GB2828 标准一次正常检查抽样方案表

样本量字码	样本量	接收质量限 4.4ML																									
		0.010	0.015	0.025	0.040	0.055	0.10	0.15	0.25	0.40	0.65	1.0	1.5	2.5	4.0	6.5	10	15	25	40	65	100	150	250	400	650	1000
		AcRe	AcRe	AcRe	AcRe	AcRe	AcRe	AcRe	AcRe	AcRe	AcRe	AcRe	AcRe	AcRe	AcRe	AcRe	AcRe	AcRe	AcRe	AcRe	AcRe	AcRe	AcRe	AcRe	AcRe	AcRe	AcRe
A	2															0 1	1 3	1/2	1 2	2 3	3 4	5 6	7 8	10 11	14 15	21 22	30 31
B	3														0 1	1 3	1 2	1 2	2 3	3 4	5 6	7 8	10 11	14 15	21 22	30 31	44 45
C	5													0 1	1 3	1 2	1 2	2 3	3 4	5 6	7 8	10 11	14 15	21 22	30 31	44 45	
D	9												0 1	1 3	1 2	1 2	2 3	3 4	5 6	7 8	10 11	14 15	21 22	30 31	44 45		
E	13											0 1	1 3	1 2	1 2	2 3	3 4	5 6	7 8	10 11	14 15	21 22	30 31	44 45			
F	20										0 1	1 3	1 2	1 2	2 3	3 4	5 6	7 8	10 11	14 15	21 22						
G	32									0 1	1 3	1 2	1 2	2 3	3 4	5 6	7 8	10 11	14 15	21 22							
H	50								0 1	1 3	1 2	1 2	2 3	3 4	5 6	7 8	10 11	14 15	21 22								
J	90							0 1	1 3	1 2	1 2	2 3	3 4	5 6	7 8	10 11	14 15	21 22									
K	125						0 1	1 3	1/2	1 2	2 3	3 4	5 6	7 8	10 11	14 15	21 22										
L	200					0 1	1 3	1 2	1 2	2 3	3 4	5 6	7 8	10 11	14 15	21 22											
M	315				0 1	1 3	1/2	1 2	2 3	3 4	5 6	7 8	10 11	14 15	21 22												
N	600			0 1	1 3	1 2	1 2	2 3	3 4	5 6	7 8	10 11	14 15	21 22													
P	800		0 1	1 3	1 2	1 2	2 3	3 4	5 6	7 8	10 11	14 15	21 22														
Q	1250	0 1	1 3	1 2	1 2	2 3	3 4	5 6	7 8	10 11	14 15	21 22															
R	2000	1 3	1 2	1 2	2 3	3 4	5 6	7 8	10 11	14 15	21 22																

伸，对生产全过程的检验具有预防作用。

3. 出口产品质量的构成要素

（1）性能。性能是指产品满足一定使用要求所具有的功能，包括使用性能和外观性能两类。如对汽车的速度、转弯、爬坡、油耗等要求，对手表的计时准确、防水、防磁、防震的要求，对水泵的功率、真空吸上高度、扬程、流量的要求，都属于使用性能。产品使用性能往往通过各种技术性能指标（如机械、物理、化学性能指标）来表示。产品造型、款式、色彩等则属外观性能。

（2）可信性。可信性是指产品的可用性及其影响因素、可靠性、维修性和维修保障等性能。

产品可靠性是产品在规定条件下及规定时间内完成规定功能的能力。可靠性反映产品性能的持久性、精度的稳定性、零部件的耐用性等，是在使用过程中逐渐表现出来的产品满足各项质量要求的内在质量特性。表现可靠性水平的常用特征值有可靠度、故障率、故障间平均工作时间、维修度及有效度、平均寿命等。

（3）安全性。安全性是指产品在生产、贮存、流通和使用过程中，对伤害或损坏的风险按可接受的水平加以限制的状态。

（4）适应性。适应性是指产品适应外界环境变化的能力。外界环境包括自然环境和社会环境。自然环境是产品使用时所处环境的自然性特点，如地理、气候、水文特点、温度、湿度、气压特点、灰尘、油污、振动、噪声、电磁干扰等特点。社会环境是产品使用时所处环境的社会性特点，如政治、宗教、风俗、习惯、特定客户群等特点。

（5）经济性。对客户来说，经济性就是产品价格和使用费用之和。

（6）时间性。如果产品开发速度快，供货及时，就可以抢先占领市场，争夺消费者，取得竞争优势。时间性作为产品的一个质量特性已被越来越多的人所认识并得到重视。

二、生产过程中的质量监控

跟单员应会同生产企业质量管理部门对企业生产制造过程质量进行监控，以使其能生产合格的产品。

1. 生产制造过程质量控制要求

在产品生产技术准备过程中，对产品、零部件都要进行工艺分析，划定工艺路线，并绘制工艺流程图。

2. 工艺准备的质量控制

工艺准备是根据产品设计要求和生产规模，把材料、设备组织起来，明确规定生产制造的方法和程序。工艺准备是生产技术准备工作的核心内容，是直接影响产品生产质量的主要因素。

（1）制订生产过程的质量控制计划。生产过程的质量控制计划有如下几个方面：审查、研究产品生产的工艺性，确保生产过程的顺利进行；确定工艺方法、工艺路线、工艺流程和计算机软件；选择与质量特性要求相适应的设备，配备必要的仪器、仪表；对采用的新材料、新工艺、新技术、新设备进行试验、验证；设计、生产、验证专用工装、储运工具和辅助设备；培训操作人员，对特殊工序的操作与检验人员进行培训；制定合理的材料消耗定额与工时定额；研究改进生产质量及工序能力的措施和方法。

（2）工序能力的验证。在生产过程中，工序是产品质量形成的基本环节，工序应该具备生产符合产品质量要求的产品的能力。

（3）采购的质量控制。采购的质量控制内容至少应包括下列要素：提出适合的规范、图样、采购文件和其他技术资料；选择合格的供应商；质量保证协议；验证方法协议；解决争端的规定；进货检验程序；进货控制；进货控制记录。

（4）辅助材料、公用设施和环境条件的控制。对质量特性起重要作用的辅助材料和设施应加以控制并定期进行验证，以确保对生产过程影响的同一性。

（5）工艺文件的质量控制。工艺文件是产品生产过程中用以指导工人操作的技术文件，是企业安排生产计划，实施生产调度、材料供应、设备管理、质量检查、工序控制等的重要依据。对于制定的工艺文件必须贯彻执行，并保持相对的稳定性。

3. 出口产品质量检验活动的实施

企业实际的检验活动可分为三种类型，即进货检验、工序检验和完工检验。

（1）进货检验。进货检验是对外购品的质量验证，对采购的原材料、辅料、外购件、外协件及配套件等入库前的接收检验。进货检验的深度主要取决于企业对供应商质量保证体系的信任程度。企业可制定对供应商的质量监督制度，如对供应商的定期质量审核以及在生产过程的关键阶段派人员对供应商的质量保证活动进行现场监察等。企业对供应商进行尽可能多的质量验证以减少不合格产品的产出，是企业保证进货物料质量的积极措施。

进货检验有首件（批）样品检验和成批进货检验两种。

1）首件（批）样品检验。首件（批）样品检验是企业对供应商提供样品的鉴定性检验认可。供应商提供的样品必须有代表性，以便作为以后进货的比较基准。

首件（批）样品检验通常用于以下三种情况：一是供应商首次交货；二是供应商产品设计或结构有重大变化；三是供应商产品生产工艺有重大变化。

2）成批进货检验。针对货品的不同情况，成批进货检验有如下两种检验方法：

第一，分类检验法。对外购物料按其质量特性的重要性和可能发生缺陷的严重性，分成 A 类、B 类、C 类三类。A 类是关键的，必须进行严格的全项检查；B 类是重要的，应进行全检或抽检；C 类是一般的，可以凭供货质量证明文件验收，或作少量项目的抽检。

第二，接受抽样检验。对正常的大批量进货，可根据双方商定的检验水平及抽样方案，实行抽样检验。

为了保证检验工作的质量，防止漏检或错检，应制定“入库检验指导书”或“入库检验细则”。进货物料经检验合格后，检验人员应做好检验记录，及时通知仓库收货。对于检验不合格的应按照不合格品管理制度办理退货或作其他处置。

（2）工序检验。工序检验有时称为过程检验或阶段检验。工序检验的目的是在加工过程中防止出现大批不合格品，避免不合格品流入下道工序。

工序检验通常有三种形式：

1）首件检验。所谓首件，是指每个生产班次刚开始加工的第一个工件，或加工过程中因换活以及换工装、调整设备等改变工序条件后加工的第一个工件。

2）巡回检验。巡回检验要求检验人员在生产现场对生产工序巡回检验。

3）末件检验。末件检验是指在主要靠模具、工装保证质量的零件加工场合，当批量加工完成后，对最后加工的一件或几件进行检查验证的活动。末件检验的主要目的是为下批生产做好生产技术准备，保证下批生产时能有较好的生产技术状态。末件检验应由检验人员和操作人员共同进行。检验合格后双方应在“末件检验卡”上签字。

(3) 完工检验。完工检验又称最终检验，①完工检验必须严格按照程序和规程进行，严格禁止不合格零件投入装配。②完工检验可能需要模拟产品的使用条件和运行方式。③完工检验可以是全数检验，也可以是抽样检验，应该视产品特点及工序检验情况而定。

(4) 推进和落实操作者自检、工人之间互检和专职检验人员专检制度。这种三结合的检验制度有利于调动广大职工参与企业质量检验工作的积极性和责任感，是任何单纯依靠专业质量检验的检验制度所无法比拟的。

三、产品质量的检验方法

1. 依据检验数量可划分为全数与抽样检验

全数检验。全数检验是对待检产品进行全面检验，主要适用于精度要求较高的产品和零部件。由于其检验周期长、工作量大和成本高，不适用于一般的商品。

抽样检验。抽样检验是按照数理统计原理预先设计的抽样方案，从一批待检产品或生产过程中取得一些随机样本，对其逐一检验获取质量特性值，并和相应标准比较，判断对总体质量是否可以接受。抽样检验适用于一般商品的检验，应用非常广泛。

2. 依据检验数量特性值的特征可划分为计数与计量检验

计数检验。计数检验的计数值质量数据不能连续取值，如不合格数、疵点数、缺陷数等，其适用于质量特性值为计点值或计件值的场合。对于计数值质量数据，如只能按“件”计数时，可称为计点值数据，如一块布上的疵点数或一个工件表面的缺陷数等。计数值类型的质量特性值的统计规律可用离散型随机变量来描述。

计量检验。计量检验的计量值质量数据可以连续取值，如长度、容积、重量、浓度、温度、强度等，其适用于质量特性值为计量值的场合。计量值类型的质量特性值的统计规律可用连续性随机变量来描述。

3. 依据检验方法的特征可划分为理化与感官检验

理化检验。理化检验是应用物理或化学的方法，依靠量具、仪器及设备装置等对受检物进行检验，能测得检验项目的具体数值，其精度高，人为误差小。理化检验是各种检验方式的主体，特别受到人们的关注。

感官检验。感官检验是依靠检验人员的经验，通过其感觉器官对质量特性或特征作出评价和判断。

4. 依据检验对象检验后的状态特征可划分为破坏性与非破坏性检验

破坏性检验。破坏性检验是对一些特定功能进行检测，如寿命试验、强度试验、爆炸试验等，使得受检物的完整性遭到破坏，不再具有原来的使用功能。破坏性检验只能采用抽样检验方式。

非破坏性检验。非破坏性检验是除破坏性检验以外的一切检验方式。

5. 依据检验实施的位置特征可划分为固定与流动检验

固定检验。固定检验是指在生产单位内设立固定的检验站，各生产部门将产品加工后送到该站集中检验。固定检验站专业水平高，检验结果比较可靠。

流动检验。流动检验是由检验人员直接去工作地检验，深入生产现场，掌握生产过程质量动态，检验结果比较可靠。

6. 依据检验目的的特征可划分为验收与监控检验

验收检验。验收检验是指在生产全过程中，对原材料零部件进货、半成品的入库和成品的出厂等进行检验，判断受检对象是否合格，从而作出是否放行的决定。

监控检验。监控检验是指使生产过程处于受控状态，以预防由于系统性质量因素导致不合格产品的大量出现，其包含生产过程质量控制中的各种抽样检验。

四、质量检验标识与可追溯性

1. 质量检验标识和可追溯性的目的

质量检验标识和可追溯性的目的主要有两个方面：

(1) 便于标识产品，防止混料、误发和误用。适当的产品质量检验标识可以防止在加工过程中出现混淆；可以保证只有合格的原材料和零件才会进入生产，避免不合格品在生产现场出现；可以使仓储的原材料等按先进先出的原则投入生产。

(2) 便于通过质量检验标识及其相关记录实现产品质量追溯。质量追溯包括自企业外部追溯到企业内部，把用户在产品使用中出现的问题及时反馈给生产者，使其辨明责任、分析原因、采取纠正措施，为质量改进提供依据；同理，也可以自企业内部发现质量问题时能够追溯到用户，将有问题的产品及时追回或采取补救措施，维护用户利益和企业声誉，避免更大的损失。

2. 产品质量检验标识的方法和要求

(1) 产品质量检验标识的内容一般有产品的型号、件号、名称、规格和厂名、商标等。对于大批量生产的产品，可用批次号、生产的日期等。

(2) 产品质量检验标识的形式一般有粘贴标签、挂标牌、打钢印、记号笔手写、喷墨射印、电笔刻蚀和条形码等，也可采用随行文件（如流转单）的方式。

(3) 粘贴产品质量检验标识的部位一般在产品上、包装上、料架上、专用手推车上、工位器具上和座位上等。

(4) 产品质量检验标识必须正确、清晰、牢固。当产品质量检验标识在加工过程中被破坏时，应做好标识移植。

五、不合格品管理

应控制不合格品的标识、记录、评价、隔离（可行时）和处置，并通知有关职能部门。

1. 不合格品的确定

ISO8402 对不合格品的定义为："没有满足某个规定的要求。"在质量控制工作中，对可疑的不合格品或生产批次，必须认真加以鉴别。对确实不符合要求的产品必须确定为不合格品。

对质量的鉴别有两种标准：一种是符合性标准，即产品是否符合规定的技术标准；另一种是适用性标准，即产品是否符合用户要求。为了真正发挥质量检验的把关和预防职能，任何情况下都应坚持质量检验的"三不放过"原则，即"不查清不合格原因不放过，不查清责任者不放过，不落实改进措施不放过"。

2. 不合格品的管理

不合格品的管理不但包括对不合格品本身的管理，还包括对出现不合格品的生产过程的管理。

（1）当生产过程的某个阶段出现不合格品时，绝不允许对其作进一步的加工。

（2）对于不合格品本身，应根据不合格品管理程序及时进行标识、记录、评价、隔离和处置。

（3）对已作了标识和记录的不合格品，供方应在等候评审和最终处置期间将其放置在特定的隔离区，并实行严格的控制，以防在此之前被动用。

3. 不合格品的处置

对不合格品可以作出如下处置：

（1）返工。

（2）返修。对其采取补救措施后，仍不能完全符合质量要求，但能基本满足使用要求的产品可以返修。

（3）原样使用。不合格程度轻微，不需采取返修补救措施，仍能满足预期使用要求，而被直接让步接收回用。这种情况必须有严格的申请和审批制度，并得到用户的同意。

（4）降级。根据实际质量水平降低不合格品的产品质量等级或作为处理品降价出售。

（5）报废。

六、GB2828 抽样检查方法

抽样检验又称抽样检查，是从一批产品中随机抽取少量产品（样本）进行检验，据以判断该批产品是否合格的统计方法和理论。它与全面检验不同之处在于，后者需对整批产品逐个进行检验，把其中的不合格品拣出来，而抽样检验则根据样本中的产品的检验结果来推断整批产品的质量。如果推断结果认为该批产品符合预先规定的合格标准，就予以接收；否则就拒收。所以，经过抽样检验认为合格的一批产品中，还可能含有一些不合格品。

1. GB2828 标准中抽样方案的要素

（1）批。相同条件下制造出来的一定数量的产品，称为“批”。

（2）检查水平（IL）。用测量、试验或其他方法，把单位产品与技术要求对比的过程称为检查。检查有正常检查、加严检查和放宽检查等。

（3）样本和样本单位。从待检查批中抽取出的用于检查的单位产品称为样本单位。而样本单位的全体则称为样本。样本大小则是指样本中所包含的样本单位数量，以n 表示。

（4）合格质量水平（AQL）。在抽样检查中，认为可以接受的连续提交检查批的过程平均上限值，称为合格质量水平。AQL 的确定，原则上应由产需双方商定，也可以在相应的标准或技术条件中规定。

2. 抽样检查方案

样本大小或样本大小系列和判定数组结合在一起，称为抽样方案。而判定数组是指由合格判定数系列和不合格判定数或合格判定数系列和不合格判定数系列结合在一起。

Ac 为合格判定数。判定批合格时，样本中所含不合格品(d) 的最大数称为合格判定数，又称接收数（d≤Ac）。Re 为不合格判定数，是判定批不合格时，样本中所含不合格品的最小数，又称拒收数（d≥Re）。

实训任务

1. 任务一

（1）操作资料。补充资料如表 9–2 所示。

表 9–2 合格质量水平

AQL 等级		1.5 加严			2.5 正常			4.0 放宽		
批量		检验数量	接受	拒绝	检验数量	接受	拒绝	检验数量	接受	拒绝
从	到									
51	90	13	0	1	13	1	2	13	1	2
91	150	20	1	2	20	1	2	20	2	3
151	280	32	1	2	32	2	3	32	3	4
281	500	50	2	3	50	3	4	50	5	6
501	1200	80	3	4	80	5	6	80	7	8
1201	3200	125	5	7	125	7	8	125	10	11
3201	10000	200	7	8	200	10	11	200	14	15
10001	35000	315	10	11	315	14	15	315	21	22

续表

AQL 等级		1.5 加严			2.5 正常			4.0 放宽		
批量		检验数量	接受	拒绝	检验数量	接受	拒绝	检验数量	接受	拒绝
从	到									
35001	150000	500	14	15	500	21	22			
150001	500000	800	21	22						
500001	以上	1250	21	22						

（2）操作要求。本次订单产品数量为 15000 件，宁波华美贸易有限公司跟单员李明根据 GB2828 进行抽查检验。MAJIOR 和 MINOR 的 AQL 分别为 1.0/4.0，检验水平（IL）为Ⅱ。如果实际抽检中的 MAJIOR 和 MINOR 的不合格产品的数量分别为 5 件和 15 件，请问该批货物质量是否能通过？

2. 任务二

（1）操作资料。参考沈阳东方电器制造有限公司与法国莱塞纳公司的订单，完成下列（2）的操作。

（2）操作要求。外贸跟单员李明根据法国客商的要求，比照我国 GB2828 标准，设计了一份简易的抽样表（如表 9–3 所示，该量表得到了法国客商的确认），请你根据该抽样表，结合本订单中某单款的电吹风数量，设计简要的检查步骤，并一一简要说明。

表 9–3　简易抽样表

单位：个

订单批量	样本大小	合格判定数	不合格判定数
N	抽取量 n	Ac	Re
91~150	20	1	2
151~280	32	2	3
281~500	50	3	4
501~1200	80	5	6
1201~3200	125	7	8
3201~10000	200	10	11
10001~35000	315	14	15

3. 任务三

（1）操作资料。卢安茶业公司收到香士茶叶有限公司加工的毛茶进行入库验收，在本公司进行乌龙茶的加工生产过程中，根据生产工艺、产品质量和产前样的要求，对半成品和成品的品质控制进行跟进，协同本公司质管人员进行质量检验，根据工艺技术要求对入库毛茶进行品质检验并编写检验报告。

（2）操作要求。要求如下：

1）完成毛茶入库单。香士茶叶公司根据加工合同的规定，于 2015 年 6 月 10 日将加工后的 57600 公斤毛茶运至卢安茶业公司指定的仓库。卢安茶业公司的质检员、仓库管理员和跟单员共同对毛茶进行检验，经验收核准后方可入库，并填写入库单（如表 9–4 所示）。

表 9–4 卢安茶业公司

编号：FA090604　　**毛茶入库单**　　日期：2015 年 6 月 10 日

编号	品名	等级	数量	供应商	检验结果	入库时间
01						2015 年 6 月 10 日

仓库管理员：汤鼎　　质检员：陈立　　仓库主管：邢坊

2）完成半产品检验表。跟单员陈立先生经常下生产车间采取随时抽验的方法对生产过程中的半成品进行检验，对出现问题的产品及时进行修正，减少了半成品的次品率，并将每一次检验的情况记录在半成品品质检验表中（如表 9–5 所示）。

表 9–5 卢安茶业公司

半成品检验表

合同号	FT09021	货物名称		等级	
生产车间		检验工序	筛分	检验时间	2015 年 7 月 16 日
检验数量	3500g	检验项目	茶叶大小、长短、轻重、粗细、厚薄		
检查评语： 签名： 日期：					

实训练习

1. 单选题

(1) 以下不属于产品质量构成要素的是（　　）。

A. 产品性能　　B. 产品可信性　　C. 产品安全性　　D. 产品自然性

(2) 以下不属于生产过程中的质量控制的内容是（　　）。

A. 工艺准备质量控制　　B. 包装质量控制

C. 辅助服务质量控制　　D. 生产过程质量控制

(3) 主要适用于精度要求较高的产品和零部件的产品质量检验方法的是（　　）。

A. 抽样检验　　B. 计数检验　　C. 全数检验　　D. 计量检验

(4) 以下不属于验收检验的范围的是（　　）。

A. 原材料进货　　B. 零部件进货　　C. 半成品入库　　D. 产前样确认

(5) 依靠检验人员的经验并通过感觉器官对质量特性或特征作出评价，称为（　　）。

A. 抽样检验　　B. 计数检验　　C. 感官检验　　D. 计量检验

(6) 由检验人员直接去工作地检验，掌握生产过程质量动态，称为（　　）。

A. 流动检验　　B. 计数检验　　C. 感官检验　　D. 计量检验

(7) 检验人员将所抽的平均样品应在抽样后（　　）内送到检验室。

A. 12 小时　　B. 24 小时　　C. 28 小时　　D. 30 小时

(8) 根据 SN/T0918 的抽样方法对抽样开拣数的规定，11~100 件应开拣（　　）。

A. 1 件　　B. 2 件　　C. 3 件　　D. 4 件

(9) 根据 SN/T0918 的抽样方法对抽样开拣数的规定，500 件应开拣（　　）。

A. 2 件　　B. 3 件　　C. 4 件　　D. 5 件

(10) 放宽检验中有（　　）检验不合格，经质检部门同意可转入正常检验。

A. 1 批　　B. 2 批　　C. 3 批　　D. 4 批

2. 多选题

（1）产品性能是指产品具有满足一定使用要求的功能，具有（ ）。

A. 使用性能 B. 外观性能 C. 生产性能 D. A 与 C

（2）产品可信性是指产品在使用过程中满足各项质量要求的内在功能，反映出（ ）。

A. 产品性能的持久性 B. 精度的稳定性

C. 零部件的耐用性 D. 机器设备运行情况

（3）产品安全性是指产品在（ ）的过程中，其伤害或损坏的风险限于可接受的范围内。

A. 制造 B. 贮存 C. 流通 D. 使用

（4）GB2828 标准将检验水平分为（ ）。

A. 一般检查水平 B. 固定检查水平 C. 特殊检查水平 D. A 与 C

（5）SN/T0918 规定抽样方法是（ ）。

A. 生产过程中抽样 B. 包装过程中抽样

C. 包装后抽样 D. 入库过程中抽样

（6）茶叶感官品质是由（ ）等构成的茶叶外观和内在质量。

A. 色 B. 香 C. 味 D. 形

（7）GB2828 标准规定了抽检方案的宽严度有（ ）。

A. 正常检验 B. 加严检验 C. 放宽检验 D. 随机检验

（8）依据检验数量可划分为（ ）。

A. 正常检验 B. 全数检验 C. 抽样检验 D. 随机检验

（9）依据检验数量特性值的特征可划分为（ ）。

A. 计数检验 B. 计量检验 C. 理化检验 D. 感官检验

（10）依据检验目的的特征可划分为（ ）。

A. 固定检验 B. 流动检验 C. 验收检验 D. 监控检验

实训项目十

生产延伸——出口产品包装

技能目标

- 了解出口产品包装的种类及用材
- 能够根据单件包装的最大内装物载重量和最大综合尺寸，结合对瓦楞纸板的各项技术要求，选择合适的纸箱
- 能够合理地设计外销产品唛头
- 掌握国际标准化唛头的设计方法

工作任务　出口产品包装种类与要求

【章首案例】

大连海达进出口公司进行包装跟单

大连海达进出口公司出口全棉弹力牛仔女裙 18000 条，客户对纸箱要求：耐破强度为 1100 千帕、边压强度为 7400 牛/平方米、戳穿强度为 80 公斤/平方厘米，纸箱尺寸 600 毫米×400 毫米×200 毫米，每箱毛重 15 千克，每箱净重 12 千克。跟单员李明选择最合适的包装材料 D1.2，并设计唛头，刷唛，完成包装跟单。

一、出口产品包装材料

出口产品的包装根据所选用的材料、用途等有不同的分类，按包装所用的主要材料，产品包装分为纸包装、木质包装、塑料包装、金属包装、玻璃包装、陶瓷包装、纤维织品包装、复合材料包装和其他天然材料包装等。

1. 纸质包装材料

纸质包装具有易加工，成本低，适于印刷，重量轻、可折叠，无毒、无味、无污染等优点，但耐水性差，受潮湿时强度差。纸质包装材料可分为包装纸和纸板两大类。

根据其性能要求，包装纸的使用主要有以下几个方面：强度高，成本低，透气性好，耐磨损的包装多用作购物袋、文件袋，如牛皮纸。纸面光洁，强度较高的包装纸多用作标签、服装吊牌、瓶贴，如漂白纸。以天然原材料制成，无毒、透明度高、表面光滑、抗拉、抗湿、防油的包装纸，多用于食品包装，如玻璃纸。纸板与纸其制造原材料基本相同，主要区别在于硬度、厚度，纸板的刚性强、易加工成型，是销售包装的主要用纸。

纸作为现代包装材料主要用于制作纸箱、纸盒、纸袋、纸质容器等包装制品，其中瓦楞纸板及其纸箱占据纸类包装材料和制品的主导地位。由多种材料复合而成的复合纸和纸板、特种加工纸也已被广泛应用，并将部分取代塑料包装材料在食品包装上的应用，以解决塑料包装所造成的环境污染问题。

2. 木质包装材料

木质材料主要是指由树木加工成的木材或片材。木材是一种优良的结构材料，长期以来一直用于制作运输包装材料，适用于大型或较笨重的机械，五金交电，自行车以及怕压、怕摔的仪器和仪表等商品的外包装。近年来，木材虽然有逐步被其他材料所代替的趋向，但仍在一定范围内使用。包装工业越发达，木质包装在整个包装材料中的比重会越低。

3. 塑料包装材料

塑料是可塑性高分子材料的简称，具有质轻、美观、耐腐蚀、机械性能高、可塑性强、易于加工和着色等特点。

（1）塑料的分类。塑料根据用途分为通用塑料、工程塑料、特种塑料。

1）通用塑料。通用塑料一般指产量大、用途广、成型性好、价廉的塑料，如聚乙烯、聚丙烯、聚氯乙烯、聚苯乙烯、酚醛塑料、ABS 塑料、有机玻璃、赛璐珞等。

2）工程塑料。工程塑料一般指机械强度较高、刚性大、常用于取代钢铁和有色金属材料以制造机械零件和工程结构受力件的塑料，如聚甲醛、聚酸胺、聚碳酸酯、氯化聚醚、聚砜等。

3）特种塑料。特种塑料一般是指具有特种功能，可用于航空、航天等特殊应用领域的塑料，含氟塑料和有机硅具有突出的耐高温、自润滑等特殊功用；增强塑料和泡沫塑料具有高强度、高缓冲性等特殊性能，这些塑料都属于特种塑料的范畴。

（2）塑料薄膜。塑料薄膜的区分可以根据其特点来判断：无色透明、表面有漂亮的光泽、光滑且较挺实的薄膜是拉伸聚丙烯、聚苯乙烯、聚酯、聚碳酸酯。手感柔软的薄膜是聚乙烯酸、软质氯乙烯。透明薄膜经过揉搓后变成乳白色的是聚乙烯、聚丙烯。振动时发出金属清脆声的薄膜是聚酯、聚苯乙烯等。

4. 金属包装材料

金属材料是四种主要包装材料之一。被广泛应用于食品、饮料、化工、医药、建材、家电等行业。是食品罐头、饮料、糖果、饼干、茶叶、油墨、油漆、染料、化妆品、医药和日用品等的包装容器。金属包装材料中产量和消耗量最多的是镀锡薄钢板；其次是铝合金薄板；镀铬薄钢板位居第三。

（1）镀锡薄钢板。镀锡薄钢板简称镀锡板，俗称马口铁，是两面镀有纯锡（1 号、2 号锡锭）的低碳薄钢板。镀锡板对空气、水、水蒸气等有很好的耐蚀性，且无毒，具有易变形性和可焊性，表面光亮、美观，罐头空罐就是用镀锡板制作的。

镀锡板虽有较高的耐蚀性，但若长期存放，锡也会缓慢氧化而变黄，在潮湿空气或工业性气氛中也会生锈而失去光泽。因此，镀锡薄钢板需库内存放，存放期一般不要超过 6~12 个月。

（2）镀铬薄钢板。镀铬薄钢板又称铬系无锡钢板（TFS-CT），简称镀铬板。它是为节约用锡量而发展的一种镀锡板代用材料。镀铬板目前广泛应用于罐头和其他制罐工业，应用最多的是啤酒和饮料罐及一般食品罐的罐盖等。

(3) 镀锌薄钢板。镀锌薄钢板简称镀锌板，俗称白铁皮。包装工业上采用热镀锌板制造各种容量的桶和具有特殊用途的容器，耐腐蚀性和密封性良好，用于包装粉状、浆状和液态产品。

(4) 低碳薄钢板。低碳薄钢板可直接制造金属包装容器，如各种规格的钢桶等。

(5) 铝系金属包装材料。包装用铝材主要以铝板、铝箔和镀铝薄膜三种形式应用。铝板主要用于制作铝质包装容器，如罐、盆、瓶及软管等。铝箔多用于制作多层复合包装材料的阻隔层，制成的铝箔复合薄膜用于食品包装（主要为软包装）、香烟包装、药品、洗涤剂和化妆品等方面的包装。镀铝薄膜是复合材料的另一种形式，是一种新型复合软包装材料，它是以特殊工艺在包装塑料薄膜或纸张表面（单面或双面）镀上一层极薄的金属铝，即成为镀铝薄膜。这种镀铝薄膜复合材料主要用作食品，如快餐、点心、肉类、农产品等的真空包装以及香烟、药品、酒类、化妆品等的包装及商标材料等。

5. 包装用辅助材料

包装货物除了常用包装容器外，还需一些包装用辅助材料。常见的辅助材料有黏合剂、黏合带、捆扎材料、衬垫材料、填充材料等。

二、出口产品包装分类

根据在流通过程中所起作用的不同，出口产品包装可分为运输包装和销售包装两大类。

1. 运输包装

运输包装（Transport Packing）又称大包装或外包装（Outer Packing），是指将货物装入特定容器，或以特定方式成件或成箱地包装。运输包装的主要作用一是保护商品，防止货损、货差；二是便于运输、储存和保管。

运输包装可分为单件运输包装和集合运输包装两类。

(1) 单件运输包装。单件运输包装是指货物在运输过程中作为一个计件单位的包装。如箱（Case）、桶（Drum）、包（Bale）、袋（Bag）、捆（Bundle）等。

(2) 集合运输包装。集合运输包装又称成组化包装。指将一定数量的单件包装组合成一件大包装。集合运输包装有提高装卸效率、保护商品、节省费用的作用。常见的集合包装有：

1）集装箱（Container）。集装箱又称“货柜”，是一种运输货物的容器，由金属板材或木材、塑料、纤维板材制成的长方形的大箱，可装载5~40公吨的货物。国际贸易中使用的集装箱有多种不同标准规格，其中使用最多的是20英尺和40英尺标准化集装箱，我们通常称8英尺×8英尺×20英尺的集装箱规格为一个“标准箱”，即“TEU”（Twenty-Foot Equivalent Unit）。

2）集装袋（Flexible Container）。集装袋是由合成纤维或复合材料编织成的圆形大袋或方形大包，容量一般为1~4公吨，容量大的可达13公吨。适于盛装粉状、粒状的化工产品、矿产品、农产品及水泥等散装货物。

3）托盘（Pallet）。托盘是指由木材、金属或塑料制成的，能够用铲车叉起的托板，承载力一般为0.5~2公吨。用时将一定数量的单件货物堆放在托板上，捆扎加固，组成一个运输单位。

在国际贸易中，买卖双方究竟采用何种运输包装，应根据商品特性、形状、贸易习惯、货物运输路线的自然条件、运输方式和各种费用开支大小等因素，在洽商交易时谈妥，并在合同中具体标明。

2. 销售包装

销售包装又称内包装（Inner Packing）、小包装、直接包装或陈列包装。它是直接接触商品并随商品进入零售网点，和消费者直接见面的包装。这类包装除具有保护商品的作用外，还具有美化、宣传商品，便于商品销售和使用等功能。因此，在国际贸易中，对销售包装的用料、造型结构、装潢画面和文字说明都有较高的要求。

（1）装潢画面。销售包装上一般都附有装潢画面，以突出商品特点，同时也力求美观大方，富有艺术吸引力。装潢画面的图案和色彩应适应有关国家的民族习惯和爱好。如大象在泰国和印度被看作是吉祥的动物，而在英国则被认为是蠢笨的象征；日本认为荷花图形不吉利；信奉伊斯兰教的国家忌用猪形图案；德国、瑞典不喜欢红色，因为红色在那里表示凶兆；而法国、比利时对墨绿色反感，因为这是纳粹军服的颜色。

（2）文字说明。销售包装上应有必要的文字说明，如商标、牌号、品名、产地、生产日期、数量、规格、成分、用途和使用方法等。使用的文字应简明扼要，必要时也可中外文并用。文字说明应与装潢画面相结合，互相衬托、补充，以达到宣传和促销的目的。例如，加拿大政府要求商品包装上必须使用英、法两种文字说明；美国食品药品管理局（FDA）要求大部分食品必须标明至少 14 种营养成分的含量。

（3）条形码（Product Code）。商品销售包装上的条码是由一组规则排列的黑白相间的条、空及相应字符组成的标记，用以表达一定的商品信息。国际上通用的条码有两种：一种是 UPC（Universal Product Code）码，另一种是 EAN（European Article Number）码。20 世纪 70 年代初美国首先将条码应用于食品零售杂货类商品。目前，许多国家的超级市场中都使用条码技术进行扫描结算，如果商品包装上没有条码，即使是名优产品，也不能进入超级市场。有的国家甚至对某些商品的包装作出无条码标志即不予进口的规定。我国于 1988 年 12 月建立了“中国物品编码中心”，负责推广条码技术，并对其进行统一管理。1991 年 4 月我国正式加入国际物品编码协会（前身为欧洲物品编码协会）。被分配的国别号为 690、691 和 692（不包括港、澳、台地区）。由这三组代码打头的商品条码，即表示中国制造的产品。

三、出口产品运输包装标志

包装标志是为了便于货物交接，防止错发错运，便于识别，便于运输、仓储和便于海关等有关部门进行查验等工作，也便于收货人提取货物，在进出口货物的外包装上标明的记号。在实务操作中，包装标志一般刷在货物外包装的一侧或两侧，以同时刷两侧为好。运输包装上的标志，按其用途可分为以下三种：

1. 运输标志（Shipping Mark）

运输标志，又称唛头，它通常是由一个简单的几何图形和一些英文字母、数字及简单的文字组成。分为主唛（Main Mark）和侧唛（Side Mark）。主唛包括收货人代号、发货人代号、目的港（地）名称、件数和批号；侧唛就是显示商品的尺寸、件数、毛重、净重、体积等资料，用于客户在目的国收货后，拆柜辨认货物之用。

2. 指示性标志（Indicative Mark）

指标性标志又称注意标志，是提示人们在装卸、运输和保管过程中需要注意的事项，一般都是以简单醒目的图形和文字在包装上标出（如图 10-1 所示）。

图 10-1　指示性标志

3. 警告性标志（Warning Mark）

有些特殊物品，如爆炸品、易燃物品、腐蚀物品、氧化剂和放射物质等，需在外包装上用图形或文字等标志表示其危险性，以便搬运人员注意，保障货物和操作人员的安全，所以称其为警告性标志（如图 10-2 所示）。

四、出口产品包装纸盒/箱跟单

1. 出口产品包装纸盒跟单

纸盒是产品销售的包装容器，是直接和消费者见面的中小型包装。好的纸盒包装不仅是帮助推销商品的工具，也是无声的推销员。

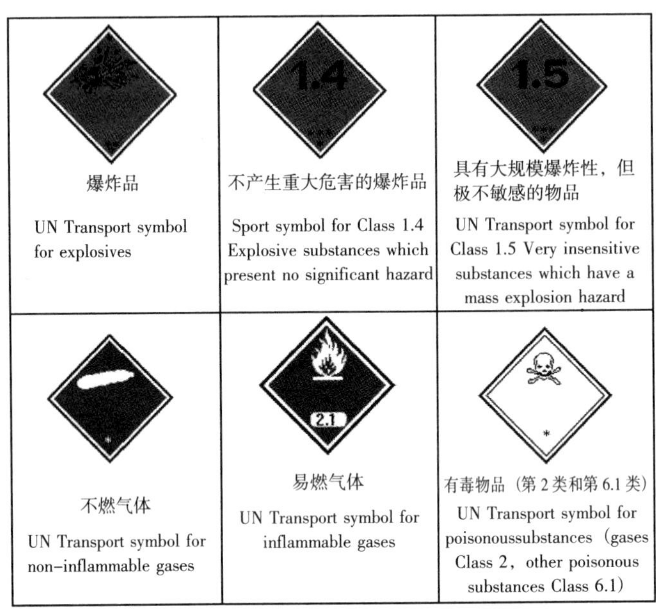

图 10-2　警告性标志

纸盒包装虽然在防冲撞、颠震、挤压和防潮等方面没有运输包装那样的要求，然而其结构也要根据不同商品的特点和要求，采用适当的尺寸、适当的材料（瓦楞纸板、硬纸板、白纸板等），并注意外形的美观。

2. 出口产品包装纸箱跟单

欧洲瓦楞纸箱制造商协会（FEFCO）制定的《国际瓦楞纸箱法规》，对瓦楞纸箱的各种基本箱型结构作了比较科学而且详尽的分类（详见 FEFCO 网站），它根据瓦楞纸箱（包括纸箱的附件）的不同结构式样、工艺特点和使用功能将其归纳为七个基本类型。

我国由国家标准局批准发布实施的 GB6543-86 瓦楞纸箱国家标准，关于箱型和代号的规定，基本上也采用了欧洲瓦楞纸箱制造商协会的分类方法，只是依据我国国情有所省略和改动，GB 标准将瓦楞纸箱的基本箱型列为三种：开槽型纸箱，代号 02 类；套合型纸箱，代号 03 类；折叠型，代号 04 类。

同时将瓦楞纸条的内配件部分以“纸箱附件”的条目单独另列。

此外，在瓦楞纸箱的尺寸规格条目中将纸箱的箱底面积（外尺寸）分为三个系列，即：①400 × 600、400 × 300、400 × 200、400 × 150（单位：毫米）；②300 × 200、300 × 130、300 × 100（单位：毫米）；③200 × 150、200 × 133（单位：毫米）。

【知识链接】

包装结构设计——瓦楞纸箱的类型

瓦楞纸箱是使用最广泛的纸类容器。瓦楞纸箱包装盒设计种类繁多，结构各异，从箱型结构看，可以分成标准箱型和非标准箱型两类。食品包装中常用的是标准箱型。标准箱型一般用四位数字表示，前两位表示箱型种类，后两位表示同一箱型种类中不同的纸箱式样。按照国际纸箱箱型标准，食品包装用瓦楞纸箱的基本形式为02~07类和09类，其介绍如下：

1. 02类开槽型纸箱

02类开槽型纸箱由一页纸板裁切而成纸箱坯片，通过钉合、黏合剂或胶纸带黏合，运输时呈平板状，使用时封合，以接合接头、上下摇盖。这类纸箱使用最广，尤其是0201箱，可用来包装多种商品（如图10–3所示）。

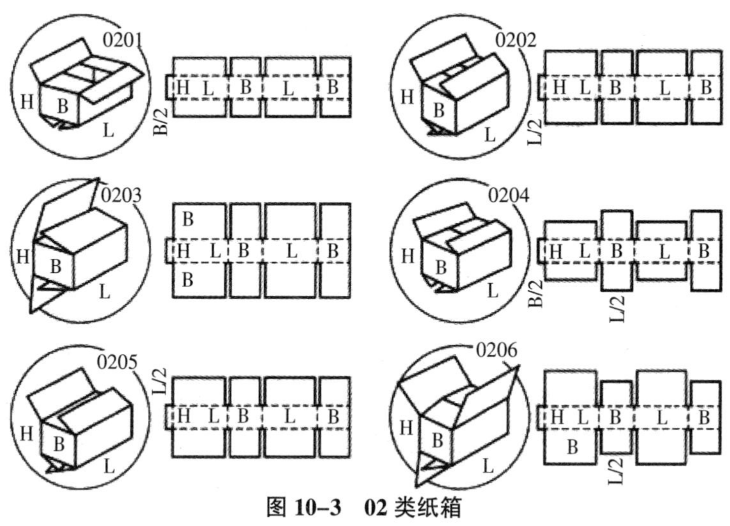

图10–3　02类纸箱

2. 03类套合型纸箱

03类套合型纸箱具由两个以上独立部分组成，即箱体与箱盖（有时也包括箱底）分离。纸箱正放时，顶盖或底盖可以全部或部分盖住箱体（如图10–4所示）。

3. 04类折叠型纸箱

04类折叠型纸箱通常由一页纸板组成，不需钉合或胶纸带黏合，甚至一部

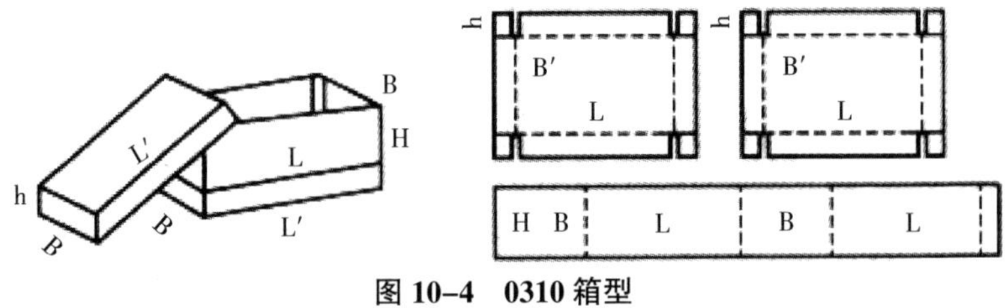

图 10–4　0310 箱型

分箱型不需要黏合剂黏合，只要折叠即能成型，还可设计锁口、提手和展示牌等结构（如图 10–5 所示）。

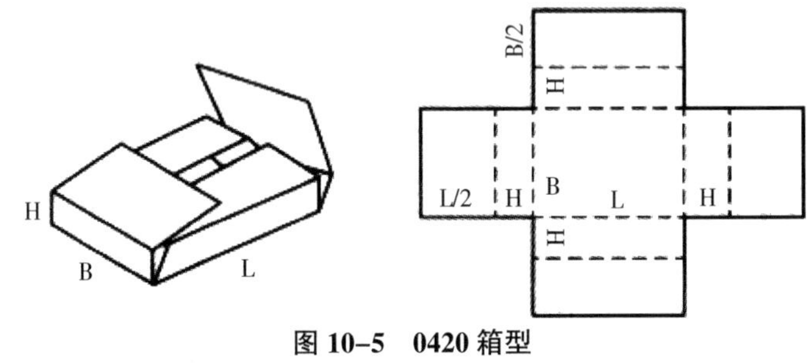

图 10–5　0420 箱型

4. 05 类滑盖型纸箱

05 类滑盖型纸箱由数个内装箱或框架及外箱组成，内箱与外箱以相对方向运动套入。这一类型的部分箱型可以作为其他类型纸箱的外箱。如图 10–6 所示为 05 类纸箱的一种形式。

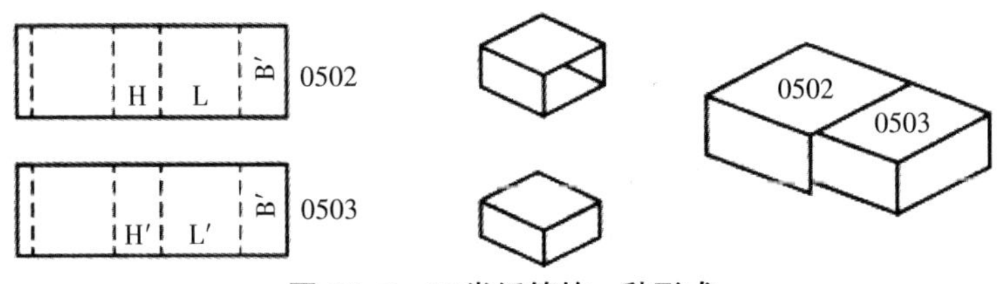

图 10–6　05 类纸箱的一种形式

5. 06 类固定型纸箱

06 类固定型纸箱由两个分离的端面及连接这两个端面的箱体组成。使用前通过钉合、黏合剂或胶纸带黏合将端面及箱体连接起来，没有分离的上下盖（如图 10–7 所示）。

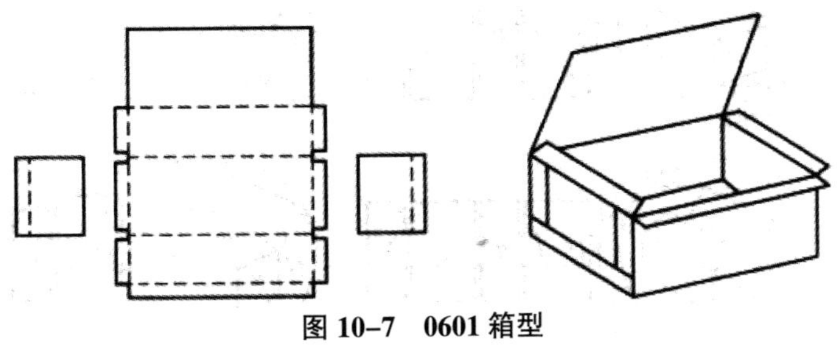

图 10-7 0601 箱型

6. 07 类自动型纸箱

07 类自动型纸箱仅有少量黏合，是一页纸板成型，运输呈平板状，使用时只要打开箱体即可自动固定成型。它的结构与折叠纸盒相似（如图 10-8 所示）。

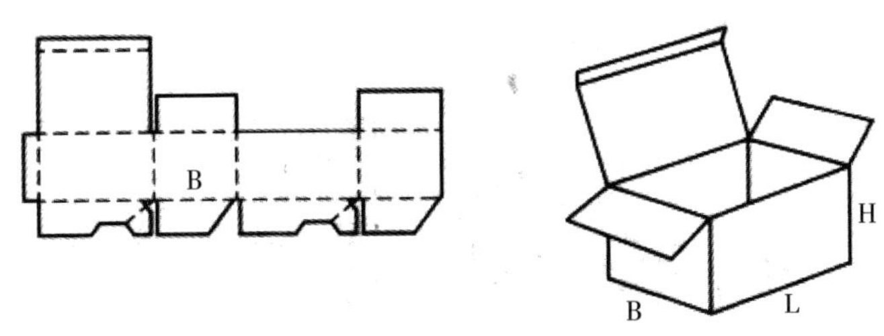

图 10-8 0713 箱型

7. 09 类纸箱

09 类纸箱附件包括隔垫、隔框、衬垫、隔板、垫板等。盒式纸板、衬套周边不封闭，放在纸盒内部，加固了箱壁并提高了包装的可靠性。隔垫、隔框用于分割被包装的产品，提高箱底的强度等。如图 10-9 所示为 09 类纸箱中常见的几种隔框。

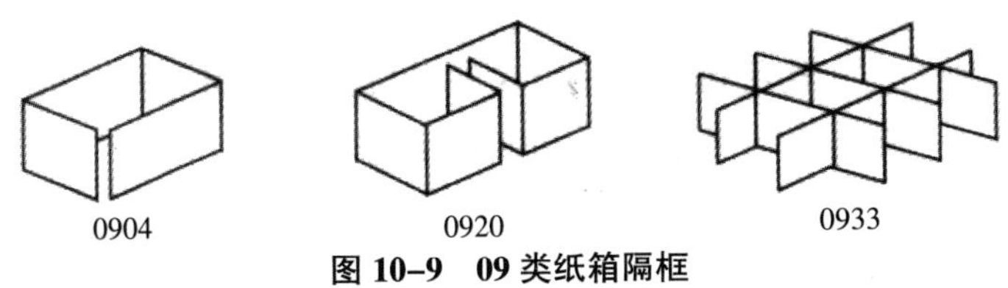

图 10-9 09 类纸箱隔框

除了上述标准瓦楞纸箱外，食品包装中常用的瓦楞纸箱还有包卷式纸箱、分离式纸箱、三角柱型纸箱、大型纸箱和托盘箱等。尤其是用于销售场所的敞口的、便于堆码和搬运的托盘箱（如图 10-10 所示），已在水果、蔬菜的销售包装中得到广泛应用。

图 10-10　托盘箱

五、部分国家出口产品包装环保要求

1. 出口产品包装材料回收标志

随着全球环保意识的逐渐增强，目前国际上许多国家和地区开展了环境标志计划，使用符合环境保护的包装材料，是出口产品包装的发展方向。

跟单员在选择出口产品包装时，需要掌握进口国的有关包装规定和要求，如德国规定包装材料要符合“3R”原则，即可再生利用（Reuse）、可自然降解还原（Reduce）、可进行循环再生处理（Recycle），要求纸箱表面不能上蜡、上油，也不能涂塑料、沥青等防潮材料；外箱不能有蜡纸或油质隔纸；箱体瓦楞纸板间的连接需采取黏合方式，不能用任何金属或塑料钉或夹，尽可能用胶水封箱，不能用聚氯乙烯（PVC）或其他塑料胶带；纸箱上所做的标记必须用水溶性颜料等。又如，欧洲各国在 1992 年就完全禁止使用聚氯乙烯包装材料。

使用符合进口国环保要求的包装材料，需要在包装材料外部的显著位置印刷一些标志，如可循环标记（Recycle Mark）等。以下是部分国家或地区的可循环标记及含义：不同的塑料成分使用不同的标识并显示在容器或包装上，如图 10-11 所示。

第 1 号：聚乙烯对苯二甲酸脂（PETE），这种材料制作的容器，就是常见的装汽水的塑料瓶，也俗称“宝特瓶”。

第 2 号：高密度聚乙烯（HDPE），清洁剂、洗发露、沐浴乳、食用油、农药等的容器多以 HDPE 制造。容器多半不透明，手感似蜡。

第 3 号：聚氯乙烯（PVC），多用以制造水管、雨衣、书包、建材、塑料膜、塑料盒等器物。

第 4 号：低密度聚乙烯（LDPE），随处可见的塑料袋多以低密度聚乙烯制造。

第 5 号：聚丙烯（PP），多用于制造水桶、垃圾桶、箩筐、篮子和微波炉用食物容器等。

第 6 号：聚苯乙烯（PS），由于吸水性低，多用以制造建材、玩具、文具、滚轮，还有速食店盛饮料的杯盒或一次性餐具。

第 7 号：其他。

图 10–11　可循环标记及含义

各国或地区环境标志的作用是为消费者建立和提供可靠的尺度来选择有利于环境的产品；为生产者提供公平竞争的统一尺度；提高消费者的环保意识；改善标志产品的销售情况，改变企业形象；鼓励生产绿色产品；保护环境。

2. 出口纸箱包装要求

一般出口纸箱包装要求有以下几点：

（1）外箱毛重一般不超过 25 千克。单瓦楞纸板箱，用于装毛重小于 7.5 千克货物；双瓦楞纸板箱，用于毛重大于 7.5 千克货物。

（2）纸箱的抗压强度应能在集装箱或托盘中，以同样纸箱叠放到 2.5 米高度不塌陷为宜。

（3）如产品需做熏蒸，外箱的四面左下角要有 2 毫米开孔。

（4）出口去欧洲的外箱一般要印刷可循环回收标志，箱体上不能使用铁钉（扣）。

3. 塑料胶袋包装要求

一般出口塑料胶袋包装要求有以下几点：

（1）PVC 胶袋一般是被禁用的。

（2）胶袋上要有表明所用塑料种类的三角形环保标志。

（3）胶袋上印刷"PLASTIC BAGS CAN BE DANGEROUS. TO AVOID DANGER OF SUFFOCATION，KEEP THIS BAG AWAY FROM BABIES AND CHILDREN"。胶袋上还要打孔，每侧打一个，直径 5 毫米。

4. 对木箱的要求

对于涉及出口的机械商品，大多需要用木质材料作为包装。一般选用九合板包装（不是实木，是人工复合而成的木质材料，不用熏蒸）。如果是大型机械，不适宜装集装箱，采用无包装的形式，放在甲板或是船舱内。同样是选用木质包装，不同的市场，要求不同。对美国、加拿大等国必须出具"官方熏蒸证书"（Fumigation/Disinfection Certificate），木质包装一定要在出口前"熏蒸"；而出口中东国家及某些亚洲国家的木质包装，目前不需要"熏蒸"；对于出口非洲国家的木质包装，则要看具体国家，如尼日利亚、坦桑尼亚（2006 年 2 月份起）需要"熏蒸"。

木质托盘、木箱必须实施热处理或熏蒸处理，由检验检疫部门出具《出境货物木质包装除害处理合格凭证》并加贴黑色标识（规格：3 厘米×5.5 厘米，6 厘米×11 厘米及 12 厘米×22 厘米）后方能报关出口，如图 10-12 所示是标识符号。

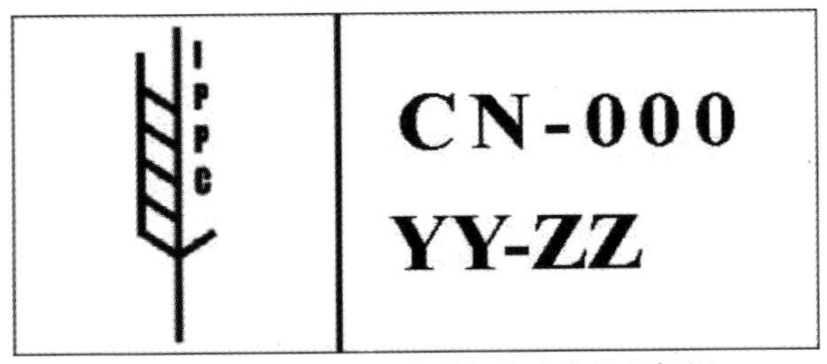

图 10-12 出境货物木质包装除害处理标识

IPPC——《国际植物保护公约》的英文缩写。

CN——国际标准化组织规定的中国国家编号。

000——出境货物木质包装生产企业的三位数登记号，按直属检验检疫局分别编号。

YY——除害处理方法，溴甲烷熏蒸为 MB，热处理为 HT。

ZZ——各直属检验检疫局 4 位数代码（如江苏局为 3200）。

5. 其他包装材料

对于其他包装材料，有些国家有特殊的要求，例如，出口用草类材料包装的货物去挪威，在挪威办理货物进口手续时必须提供证明，否则包装将予以焚毁，费用由进口商支付；用旧编织材料制成的麻袋、打包麻布作为包装的货物出口去挪威，在挪威办理货物进口手续时必须提供证明，否则不准用作包装材料进入。

实训任务

1. 任务一

（1）操作资料。根据宁波华美贸易有限公司与英国客商艾斯达公司 15000 件女式上衣的订单，回答问题，完成操作。

（2）操作要求。要求如下：

1）请设计唛头，并按该客商的要求填入下列方框中。

Shipping Mark：	Side Mark：

2）货物装入纸箱后，该包装箱的重量不得超过多少公斤？

3）一旦包装女式上衣的纸箱有破损，调换该纸箱的费用由哪一家公司承担？

4）本订购合同对包装有何要求？

5）蓝天服装厂准备采用 60 厘米×40 厘米×20 厘米的纸箱进行包装，除了本订购合同中提到的装箱要求之外，英国（伦敦）艾斯达进出口公司还要求纸箱达到以下技术要求：耐破强度为 1100 千帕，边压强度为 7400 牛/平方米，戳穿强度为 80 千克/平方厘米，请根据表 10-1、表 10-2 两张表格，选择最合适的包装材料。

表 10-1　我国瓦楞纸箱分类表

种类	内装物最大重量（千克）	最大综合尺寸（毫米）	代号						
			瓦楞结构	1 类		2 类		3 类	
				纸板	纸箱	纸板	纸箱	纸板	纸箱
单瓦楞纸箱	5	700	单瓦楞	S-1.1	BS-1.1	S-2.1	BS-2.1	S-3.1	BS-3.1
	10	1000		S-1.2	BS-1.2	S-2.2	BS-2.2	S-3.2	BS-3.2
	20	1400		S-1.3	BS-1.3	S-2.3	BS-2.3	S-3.3	BS-3.3
	30	1750		S-1.4	BS-1.4	S-2.4	BS-2.4	S-3.4	BS-3.4
	40	2000		S-1.5	BS-1.5	S-2.5	BS-2.5	S-3.5	BS-3.5
双瓦楞纸箱	15	1000	双瓦楞	D-1.1	BD-1.1	D-2.1	BD-2.1	D-3.1	BD-3.1
	20	1400		D-1.2	BD-1.2	D-2.2	BD-2.2	D-3.2	BD-3.2
	30	1750		D-1.3	BD-1.3	D-2.3	BD-2.3	D-3.3	BD-3.3
	40	2000		D-1.4	BD-1.4	D-2.4	BD-2.4	D-3.4	BD-3.4
	55	2500		D-1.5	BD-1.5	D-2.5	BD-2.5	D-3.5	BD-3.5

表 10–2 各类纸箱对瓦楞纸板的技术要求

纸箱种类		纸板代号	耐破强度（千帕）	边压强度（牛/平方米）	戳穿强度（千克/平方厘米）	含水量（%）
单瓦楞	1类	S–1.1	588	4900	35	10±2
		S–1.2	784	5880	50	
		S–1.3	1177	6860	65	
		S–1.4	1569	7840	85	
		S–1.5	1961	8820	100	
	2类	S–2.1	409	4410	30	
		S–2.2	686	5390	45	
		S–2.3	980	6370	60	
		S–2.4	1373	7350	70	
		S–2.5	1764	8330	80	
	3类	S–3.1	392	3920	30	
		S–3.2	588	4900	45	
		S–3.3	784	5880	60	
		S–3.4	1177	6860	70	
		S–3.5	1569	7840	80	
双瓦楞	1类	D–1.1	784	6860	75	10±2
		D–1.2	1177	7840	90	
		D–1.3	1569	8820	105	
		D–1.4	1961	9800	128	
		D–1.5	2550	10780	140	
	2类	D–2.1	686	6370	90	
		D.2.2	980	7350	85	
		D–2.3	1373	8330	100	
		D–2.4	1764	9310	110	
		D–2.5	2158	10290	130	
	3类	D–3.1	588	5880	70	
		D–3.2	784	6860	85	
		D–3.3	1177	7840	100	
		D–3.4	1569	8820	110	
		D–3.5	1961	9800	130	

2. 任务二

（1）操作资料。参考沈阳东方电器制造有限公司与法国莱塞纳公司的订单，完成下列操作。

补充资料：①每箱毛重：5 千克。②每箱净重：4.5 千克。③纸箱尺寸为：

50 厘米×33 厘米×58 厘米。

（2）操作要求。请代外贸跟单员李明设计“唛头”，并按法国客商的要求填入下列方框中。

Shipping Mark:	Side Mark:

3. 任务三

（1）操作资料。出口茶叶的销售包装、运输包装用材与方式不尽相同，还要符合客户的要求，其专业强度高，通常由包装专业公司进行承制。卢安茶业公司跟单员陈立先生根据所收集的信息选择福建省卢安包装纸盒有限公司为乌龙茶的销售与运输包装的生产企业，由其制作样板并报价，并与该公司签订了订购合同（如表 10-3 所示）。为此，陈立先生根据纸盒图纸与交货时间进行品质和进度跟单，确保品质和生产进度。

（2）操作要求。要求如下：

1）完成包装订购合同。补充资料：①茶业包装纸盒，10 厘米×0.8 厘米×20 厘米，96000 只；出口茶叶纸箱，80 厘米×70 厘米×50 厘米，3200 只。②预付款，20000 元。

2）完成包装入库单。包装入库单如表 10-4 所示。

实训练习

1. 单选题

（1）白纸板主要用于经彩色套印后制成的（　　）。

表 10–3　包装纸箱加工合同

加工合同

编号：FA090804
日期：2015 年 7 月 5 日

加工方：(以下简称甲方)
委托方：(以下简称乙方)
甲方为乙方加工包装纸盒，经双方协商，签订本合同，共同遵守。
第一条　加工品名、规格、数量、费用（如下表所示）

纸箱加工要求

品名	规格（长，宽，高）(cm)	数量	单价	总额
			10 元	
合计				

第二条　加工成品质量要求
1. 表面必须光滑、平直。
2. 甲方按乙方质量要求先做规格样品，双方代表当面封存样品，作为验收的依据。
第三条　原材料提供
原材料由甲方负责。
第四条　验收标准和方法
加工成品全部完工后，甲方通知乙方到厂验收，验收标准为合同规定的数量和样品。
第五条　交货的时间和地点
甲方于 2015 年 7 月 25 日、8 月 15 日、8 月 20 日分三批交货，每批数量相等，交货地点为______。
第六条　运输及费用
由甲方负责运输，费用由乙方负担。
第七条　结算方式及期限
乙方向甲方预付款，余款在收到全部加工货物并验收合格后 15 天内通过银行支付。
第八条　违约金
甲方与乙方如发生违约，应向对方支付合同总值 20%的违约金。
第九条　不可抗力
在合同规定的履行期限内，由于不可抗力致使加工货物或原材料毁损、灭失，甲方在经有关部门证明后，可免于承担违约责任。
第十条　争议
本合同发生纠纷时，双方协商解决。协商不成时，任何一方可向仲裁机构申请仲裁，也可直接向人民法院起诉。
本合同于 2015 年 7 月 5 日生效，合同正本一式两份，甲乙双方各执一份。

甲方（盖章）：	乙方（盖章）：
代表人（签名）：	代表人（签名）：
地址：卢安县山夏路 1321 号	地址：
电话：0591–65480616	电话：
开户银行：福建省工商银行福安支行开户	银行：福建省工商银行福安支行
账号：200574–5423242	账号：2105743–982324

表 10-4　卢安茶业公司

编号：FA090711　　茶叶包装入库单　　日期：2015 年 7 月 25 日

合同号	货号	成品名称	数量	供应商	入库时间	品质状态
	No.1					
	No.2					

跟单员：陈立　　仓库管理员：吴民　　仓库主管：费玲

A. 纸盒　B. 纸箱　C. 高级纸箱　D. A 与 C

（2）以下不属于纸盒款式的是（　　）。

A. 手提式　B. 开放式　C. 展示式　D. 组合式

（3）以下的木材不适宜做茶叶包装的是（　　）。

A. 枫香　B. 桦木　C. 樟木　D. 柳木

（4）金属包装材料不适宜做（　　）的包装。

A. 饮料罐盖　B. 罐头空罐　C. 香烟包装铝箔　D. 化学用盒

（5）条形码竖条下端有 13 位数，前 3 位表示商品产地，以下不属于中国产地的是（　　）。

A. 690　B. 691　C. 692　D. 693

（6）中国物品编码中心于（　　）加入了国际物品编码协会。

A. 1991 年 4 月　B. 1992 年 4 月　C. 1993 年 4 月　D. 1994 年 4 月

（7）出口货物塑料胶袋上应印上（　　）标志。

A. CCC　B. 三角形环保　C. 绿色环保　D. A 与 B

（8）根据我国相关部门颁布标准的规定，一号箱纸板为（　　）纸板。

A. 普通箱　B. 轻载箱　C. 强韧箱　D. A 与 B

（9）瓦楞形状有三种，其中（　　）综合性能适应大多数瓦楞包装的要求。

A. UV 形　B. U 形　C. V 形　D. UVV 形

（10）用于中、小型瓦楞纸箱和衬板的是（　　），综合性能适应大多数瓦楞包装的要求。

A. 三层瓦楞纸板　B. 二层瓦楞纸板　C. 单面瓦楞纸板　D. 双层瓦楞纸板

2. 多选题

(1) 用于包装的纸质材料主要有（　　）。

A. 纸　　B. 纸板　　C. 纸与纸板制品　　D. 纸浆

(2) 牛皮纸多用于（　　）等包装。

A. 棉毛丝绸织品　　B. 绒线　　C. 五金交电　　D. 仪器仪表

(3) 玻璃纸主要适用于（　　）等商品的美化包装。

A. 医药　　B. 食品　　C. 纺织品　　D. 精密仪器

(4) 纸袋纸主要用于（　　）等包装袋用纸。

A. 水泥　　B. 粮食　　C. 化肥　　D. 农药

(5) 包装纸盒的类型主要有（　　）。

A. 纸板盒　　B. 折叠纸盒　　C. 硬纸板盒　　D. 印刷纸盒

(6) 包装纸盒的结构类型主要有（　　）等。

A. 开槽型　　B. 套合型　　C. 折叠型　　D. 硬体型

(7) 金属包装材料主要有（　　）等。

A. 马口铁　　B. 镀铬薄钢板　　C. 铝板　　D. 铝箔

(8) 美国、新西兰和菲律宾禁用的包装材料主要有（　　）等。

A. 稻草、麦草、干草、草席　　B. 麻袋制品

C. 土壤、泥灰　　D. 谷壳或糠

(9) 集合运输包装的形式有（　　）。

A. 纸箱　　B. 集装箱　　C. 集装包　　D. 托盘

(10) ISO 规定集装箱的规格有 13 种，常用的是（　　）。

A. 6 英尺×8 英尺×20 英尺　　B. 8 英尺×8 英尺×20 英尺

C. 8 英尺×8 英尺×40 英尺　　D. 6 英尺×8 英尺×40 英尺

实训项目十一

履行合同——产品出境、结汇与核销退税

技能目标

- 能够根据货物交货期、数量等因素来合理安排及时运输
- 能够根据外销产品外包装的尺寸和毛重计算装箱量
- 掌握选择集装箱规格与箱型的主要方法
- 了解货物运输、报检、报关、投保业务的流程
- 熟悉交单结汇、核销、退税业务的流程
- 掌握发票、装箱单、订舱委托书、报检单、报关单缮制方法
- 掌握汇票、核销单的缮制方法

工作任务1　出口商品运输

【章首案例1】

大连海达进出口公司进行运输跟单

大连海达进出口公司出口全棉弹力牛仔女裙18000条，包装要求：六条混码装入一个小胶袋，三个小胶袋装入一个大胶袋，一个大胶袋装入一只出口纸箱，

纸箱尺寸600毫米×400毫米×200毫米，每箱毛重15千克，每箱净重12千克。

40英尺集装箱，尺寸为12050毫米×2343毫米×2386毫米，容积为67.4立方米，最大载重量为27380千克。跟单员李明计算该批货物需要一个40英尺的钢制集装箱。

大连海达进出口公司制作货运订舱委托书，委托金诚货运代理公司向中外运大连公司租船订舱（如表11-1所示）。

表 11-1　金诚货运订舱委托书

经营单位（托运人）	大连海达进出口公司					金诚编号	JC0388811
提单 B/L 项目要求	发货人：大连海达进出口公司 Shipper：大连中山路 132 号						
	收货人：TO ORDER OF SHIPPER Consignee：						
	被通知人：BCK IMPORT Co.，Ltd. Notify Party：38 Queensway，2008 NSW Australia TEL：0086-321-657894　FAX：0086-321-657895						
海洋运费（√） Sea freight	预付（√）或到付（　） Prepaid or Collect		提单份数	3	提单寄送地址	大连中山路 132 号	
起运港	大连	目的港	SYDNEY	可否转船	允许	可否分批	允许
集装箱预配数		20′×40′×1		装运期限	2014 年 5 月 30 日	有效期限	2014 年 5 月 30 日
标记唛码	包装件数	中英文货号 Description of goods		毛重（千克）	尺码（立方米）	成交条件（总价）	
BCK HD266 SYDNEY C/NO.：1-1000	1000 箱	LADIES DENIM SKIRT 牛仔女裙		15000	48	AUD126000.00	
				特种货物 冷藏货 危险品	重件：每件重量		
内装箱（CFS）地址	大连朱棋路 2960 号三号门 电话：0411-68206822-215				大件 （长×宽×高）		
				特种集装箱：（　）			
门对门装箱地址		大连中山路 132 号		物资备妥日期	2015 年 5 月 15 日		
外币结算账号		THY6684321337		物资进栈：自送（　）或金发派送（√）			
声明事项				人民币结算单位账号	SZR80066686		
				托运人签章	大连海达进出口公司 合同专用章		
				电话	0411-26588877		
				传真	0411-26588876		
				联系人	李明		
				地址	大连中山路 132 号		
				制单日期：2014 年 5 月 15 日			

一、国内沿海、江河、湖泊水路运输跟单

1. 托运

所谓托运是指货物托运人或发货人向承运人提出要求运输货物的行为。货物托运人在办理托运时，须与运输单位签订货物托运合同，办理运输手续。

（1）运单填制注意事项。在填制运单的时候要注意：①运单是运输合同的证明，是承运人已经接收货物的依据。一份运单，填写一个托运人、一个收货人、一个起运港、一个到达港。如同一托运人的货物分别属于到达港的两个或两个以上收货人，则应分别填制运单。②托运的货物虽属同一个托运人、收货人，但托运多种货物，且其中有货物性质不相容时，也不能填制在同一张运单内。③危险货物的托运应填制专门的危险货物运单，即红色运单。

（2）支付费用。托运人在提交货物前或当时，应支付有关的费用，如起运港的港口使用费、运费、中转费等。如发生延期交付时，则应支付滞纳金。

2. 提交托运货物

托运人向承运人提交货物，与承运人一起根据运单记载内容进行审核，由于货物的运输条件不同，承运人对货物交接验收也有不同。

3. 通知收货人做好接货准备

货物托运后，将货物已托运的信息及时告知收货人，请收货人注意承运人的到货通知。所谓到货通知是承运人向收货人发出货物已运达，且已具备提货条件的通知。

二、国际海洋进出口运输跟单

1. 海运进口运输跟单

海运进口货物运输工作，一般包括以下一些环节：

（1）租船订舱。按照贸易合同的规定，负责货物运输的一方，要根据货物的性质和数量来决定租船或订舱。大宗货物需要整船装运的，洽租适当船舶承运，小批量的杂货大多向班轮公司订舱。

（2）掌握船舶动态。掌握进口货物船舶动态，对装卸港的工作安排，尤其是对卸货港的卸船工作安排极为重要。船舶动态信息来源可获自各船务公司提供的

船期表、国外发货人寄来的装船通知、单证资料、发货电报以及有关单位编制的进口船舶动态资料等。

(3) 收集和整理单证。进口货物运输单证一般包括商务单证和船务单证两大类。商务单证有贸易合同正本或副本、发票、提单、装箱单、品质证明书和保险单等；船务单证主要有载货清单、货物积载图、租船合同或提单副本。

(4) 报关。进口货物需向海关报关，填制《进口货物报关单》。货主凭报关单、发票、品质证明书等单证向海关申报进口。办理报关的进口货物，经海关查验放行，缴纳进口关税后，方可提运。

(5) 报检。根据中华人民共和国《商检法》的规定，凡列入《商检机构实施检验的商品种类表》(以下简称《种类表》) 的进口商品，需接受法定检验。对未列入《种类表》内的进口商品，收货或用货部门应向所在地区商检机构申报后自行检验，在索赔有效期内将检验结果报告商检机构。如检验不合格需要提出索赔，应及时申请商检机构复检出证。

(6) 监卸和交接。监卸人员一般是收货人的代表，履行现场监卸任务。监卸人员要与船方理货人员密切配合，把好货物数量和质量关。货物从大船卸毕后，要检查有无漏卸情况，在卸货中如发现短损，应及时向船方或港方办理有效鉴证，并共同做好验残工作。验残时要注意查清：货物内包装的残损和异状；货物损失的具体数量、重量和程度以及受损货物或短少货物的型号、规格；判断并确定货物致残或短少的原因。

(7) 保险。若是我方以 FOB 或 CFR 条件成交的进口货物，由我方办理保险事宜。我方负责进口的单位在收到发货人装船通知后应立即办理投保手续。目前为简化手续和防止发生漏保现象，一般采用预约保险办法，由负责进口的单位与保险公司签订进口货物预约保险合同。

2. 海运出口运输跟单

海运出口货物运输工作，一般包括以下几个环节：

(1) 审核信用证中的装运条款。海运出口业务如果按 CIF 或 CFR 条件成交，则由卖方办理租船订舱工作；如果是 FOB 条件，则由买方办理租船订舱工作，派船来港接运。

(2) 备货、报验和领证。出口方收到信用证后，要按信用证上规定的交货期及时备好出口货物，并按合同及信用证的要求对货物进行包装、刷唛。对需经检验机构检验出证的货物，在货物备齐后，应向商检机构申请检验，取得合格的检验证书。

(3) 租船和订舱。履行以CIF和CFR价格条件对外成交的出口贸易合同，由卖方派船装运出口货物。卖方要按照合同或信用证规定的交货期（或装运期），办理租船、订舱手续。洽订班轮舱位，则向船务公司或其代理人提出订舱委托单，一经船务公司同意后，向托运人签发装货单，运输合同即告成立。

(4) 出口货物集中港区。洽妥船舶或舱位后，发货方应在规定的时间内将符合装船条件的出口货物发运到港区内指定的仓库或货场，以待装船。

(5) 出口报关和装船。货物集中港区后，发货单位必须备妥出口货物报关单、发票、装货单、装箱单（或磅码单）、商检证（如商检局来不及出证时，可由商检局在报关单上加盖合格单）及其他有关单证向海关申报出口。经海关人员对货物查验合格后，在装货单上加盖放行章方可装船。

(6) 投保。如果合同规定需要在装船时发出装船通知，由国外收货人自办保险手续，发货人应及时发出装船通知。如因发货人延迟或没有发出装船通知，致使收货人不能及时或没有投保而造成损失，发货人应承担责任。如由发货人负责投保，一般应在船舶配妥后及时投保。

(7) 支付运费。对需要预付运费的出口货物，船务公司或其代理人必须在收取运费后签给托运人运费预付的提单。如属到付运费货物，则在提单上注明运费到付，其运费由船务公司卸港代理在收货人提货前向收货人收取。

(8) 出口货运单证。出口货运单证有：

1）托运单。托运单也称订舱委托书，由托运人根据贸易合同条款及信用证条款的内容填制，并凭此单向承运人或其代理人办理货物托运。

2）装货单。装货单是远洋运输中的主要货运单证之一。①装货单是承运人确认承运货物的证明。②装货单是海关对出口货物进行监管的单证。只有海关在装货单上加盖放行章，即表示准予出口，船方才能收货装船。所以装货单又称关单。③装货单是承运人通知码头仓库或装运船舶接货装船的命令。

3）收货单。收货单是货物装船后，承运船舶的大副签发给托运人的货物收据，是据以换取已装船提单的单证，收货单又被称为大副收据。

4）提单。提单对所装运的商品和数量起到了收据和证明文件的作用，在货物发生灭失、损坏或延误的情况下，提单是请求损害赔偿最基本的证明。

5）装货清单。装货清单是承运人根据装货单留底制成的全船装运货物的汇总清单。装货清单是承运船舶的大副编制积载计划的重要依据，它还是现场理货人员进行理货、港口安排驳运、货物进出仓库、货物以及承运人掌握托运人备货情况的业务单证。

6）载货清单。

7）货物积载计划。

8）危险品清单。

3. 索赔与理赔

（1）索赔与理赔的依据。租船合同和提单是处理索赔与理赔的主要依据。处理索赔案件时，应遵循实事求是、有根有据、合情合理、区别对待、讲求实效的原则。

（2）索赔单证。决定对外索赔，就要准备下列各项必要的索赔单证。它们是：①索赔函。②索赔清单。根据损失的程度和造成损失的原因，确定对外索赔的比例，按 CIF 价格计算损失金额，编制索赔清单。如果商业发票上是 FOB 价格而按 CIF 价格索赔，经承运人要求，还应提供运费及保险收据。③货物残、短鉴证应由船方和理货人员共同签字。必要时，还应提供商检证书和船舶检验证书。④提单。提单正本或影印本。⑤商业发票。必要时应加附装箱单或磅码单。⑥费用单证。向船方索赔修理、整理货物的费用的证明文件。⑦其他单证。必要时，还须提供火灾鉴定报告、卫生或动植物检验证明等。

（3）索赔的程序和手续。处理索赔案件的程序和手续，须视承运货物的船舶经营性质而定。采用班轮或承租船方式运输发生货损、货差时，凡出口货物由国外收货人（或提单持有人、或货物承保人）直接向承运人办理索赔。凡进口货物，一般情况下由货运代理人代表有关进出口企业以货方名义向承运人办理索赔。由外运公司租船运输的货物，不论出口或进口，均由外运公司办理索赔。

4. 国际海运提单的缮制

海运提单（Bill of Lading，B/L）简称提单，是海运业务使用最为广泛的运输单据。海运提单使用较广的是已装船、清洁、指示提单。缮制提单时应注意以下问题：

（1）如来证无特殊规定，提单上的发货人（Shippers）应为信用证的受益人。如来证规定以第三者为发货人时，可以以国内运输机构或其他公司作为发货人。如来证规定以开证人为发货人时则不能接受。

（2）提单的收货人（Consignee），习惯上称为抬头人。绝大多数信用证都要求做成“空白抬头”（To Order），这种提单必须经发货人背书，方可流通转让。也有少数信用证要求做成“凭开证银行指示”（To Order of Issuing Bank），或“凭收货人指示”（To Order of Consignee）。

（3）提单上的背书又分“空白背书”和“记名背书”。“空白背书”是由发货人在提单背面加盖印章，无须加任何文句；而“记名背书”除加盖印章外，还应注明“交付给××”（Deliver To××）字样。

（4）提单的抬头与背书直接关系到物权归谁所有和能否转让等问题，因此一定要严格按照信用证要求办理。值得注意的是，若货物运往法国或阿根廷，发货人必须在提单正面签署。

（5）信用证上如要求加注被通知人（Notify Party）名称者，应照办。

（6）若为联运提单（C. T. B/L），其上有：

1）前段运输（Pre-carriage by）。本栏应填第一段运输方式的运输工具名称，如货物从西安经陆路运往天津，再装船运往芝加哥，则此处填：“by Wagon No. ××”或“by Train”。

2）收货地点（Place of Receipt）。本栏填前段运输承运人接收货物的地点，如西安。

3）船名及航次号（Ocean Vessel Voy No.）。如果第一程运输不是海运，在签发联运提单时此栏可填：“Intended Vessel”（预期船只）。根据 UCP500 第 26 条规定，银行可以接受这样填制的单据。

4）装运港（Port of Loading）。本栏填海运段的实际的装运港名称，但应与信用证上的规定相一致。

5）卸货港（Port of Discharge）。本栏填实际的卸货港名称，但应与信用证上的规定相一致。

6）交货地点（Place of Delivery）。交货地点是指最终目的地，如从上海海运至美国旧金山，然后再由旧金山陆运至芝加哥，则交货地点应填芝加哥。

7）提单上的唛头必须与其他单据上的相一致。

8）提单上的货物名称，可作一般概括性的描述，不必列出详细规格。

9）提单上除有阿拉伯文字的件数外，尚需有英文大写的件数，两者的数量要相一致。

10）提单上的重量，除信用证有特别规定者外，仅列毛重，并应与发票、重量单上的重量相一致。

11）如为 CFR 或 CIF 价格，提单上加注“运费预付”（Freight Prepaid）或“运费已付”（Freight Paid）字样，除非信用证另有规定，运费预付或已付的提单可不必加注运费金额。如为 FOB 价格，提单上须加注“运费到付”（Freight Collect 或 Freight to be Collected）。

12）提单上签发日期必须与信用证上规定的装船期相适应，也就是最晚不得迟于信用证或合约上最迟的日期，在提单日期之后，必须填写签发地点。

13）提单正本须按信用证规定的份数签发，如无规定，应签发两份正本。

14）如签发提单人为货代，而承运人为“MAERSK LINE”，则应在货代之后加注“作为载体的代理马士基航运公司”（AS AGENT FOR THE CARRIER MAERSK LINE）字样。

三、铁路运输跟单

铁路运输主要承担长距离、大数量的货运。铁路运输优点是速度快，运输不受自然条件限制，载运量大，运输成本较低。主要缺点是灵活性差，只能在固定线路上实现运输，需要以其他运输手段配合和衔接。铁路运输经济里程一般在 200 公里以上。

国内铁路运输跟单员在进行跟单时应注意以下问题：

1. 铁路运输的基本条件

铁路货物运输分整车、零担、集装箱三种。如果一批货物的重量、体积或形状需要一辆 30 吨以上货车运输的，应按整车托运；不够整车托运的，则按零担运输；符合集装箱运输条件的，则可办理集装箱托运。必须说明的是按零担托运的货物，一件体积最小不得小于 0.02 立方米（一件重量在 10 公斤以上的除外），每批不得超过300件。

2. 铁路货物的托运、受理、承运

铁路实行计划运输，发货人要求铁路运输整车货物应向铁路部门提出月度要车计划，车站根据要车计划受理货物。在进行货物托运时，发货人应向车站按批提供货物运单一份，对同一批托运的货物因货物种类较多，发货人不能在运单内逐一填记的，发货人应提交物品清单。零担和集装箱货物由发运站接收完毕，整车货物装车完结，发运站在货物运单上加盖承运日期戳时，即为承运。

3. 铁路货物的装车、卸车

铁路货物的装车和卸车工作，凡在车站内进行的则由铁路负责，其他场所均由发货人或收货人负责。由发货人或收货人负责装卸车的货车，车站应将调车的时间通知发货人或收货人，发货人或收货人在装卸车作业完毕后，将装卸车完毕时间通知铁路车站。对由发货人、收货人负责组织装卸的货车，超过装卸时间规定或停留时间规定，铁路应向发货人、收货人核收规定的货车延期使用费。

4. 铁路货物的到达、交付

凡由铁路负责卸车的货物，到达站应不迟于卸车完毕的次日内，用电话或书信向收货人发出催领通知，并在货票内标明通知的方法和时间。

收货人在领取货物时，应出示提货凭证，并在货票上签字或盖章。收货人在到达站办妥提货手续和付清有关费用后，铁路将货物连同运单一起交收货人。

5. 铁路货物运输期限

货物实际运输期限的起算时间是从铁路承运货物的次日起算；终止时间由到站铁路负责卸车的货物到卸车完毕时止，由收货人负责卸车的货物到货车调至卸车地点或货车交接地点时止。但货物运输期限起码为三天。超过规定期限运输的货物，铁路应按所收运费的百分比向收货人支付延误运输罚款。

6. 货物运输变更

发货人或收货人由于特殊原因，对铁路承运后的货物可向铁路提出运输变更要求，如变更收货人、变更到站等。

7. 货运事故处理

发货人或收货人在向铁路提出赔偿时，应按批向到达站点提出赔偿要求书，并附货物运单、货运记录和有关证明文件。货物损失的赔偿价格，灭失时按灭失货物的价格计算；损坏时，则按损坏货物所降低的价格计算。

四、航空运输跟单

航空运输是使用飞机或其他航空器进行运输的一种形式。航空运输的单位成本很高，因此，主要适合运载价值高、运费承担能力很强的货物或紧急需要的物资等。航空运输的主要优点是速度快，不受地形的限制。

1. 进口货物航空运输

进口货物航空运输的程序如下：

（1）在国外发货前，进口单位就应将合同副本或订单以及其他有关单证送交进口空港所在地的空代，作为委托报关、接货的依据。

（2）货物到达后，空代接到航空公司到货通知时，应从机场或航空公司营业处取单（指航空运单第三联正式 Original for the Consignee）。取单时应注意两点：①航空公司免费保管货物的期限为三天，超过此限取单应付保管费。②进口货物应自运输工具进境之日起 14 天内办理报关。如通知取单日期已临近或超过限期，先征得收货人同意缴纳滞报金方可取单。

（3）取回运单后应与合同副本或订单核对，如合同号、唛头、品名、数量、收货人或通知人等无误，应立即填制“进口货物报关单”等，并附必要的单证，向设在空港的海关办理报关。

（4）海关审单通过后，空代应按海关出具的税单缴纳关税及其他有关费用。然后凭交费收据将所有报关单据送海关放行部。海关对无须验货的货物直接在航空运单上盖章放行；对需要验货的，查验无讹后放行；对单货不符的由海关扣留，另行查处。

（5）海关放行后，属于当地货物立即送交货主；如为外地货物，立即通知货主到口岸提取或按事先的委托送货上门。

（6）对需办理转运的货物，如不能就地报关的，应填制“海关转运单”。

2. 出口货物航空运输

出口货物航空运输的程序如下：

（1）委托运输。航空代理公司与出口单位（发货人）就出口货物运输事宜达成意向后，可以向发货人提供所代理的有关航空公司的“国际货物托运书”。发货人发货时，首先需填写委托书，并加盖公章，作为货主委托代理承办航空货物出口货运的依据。航空货运代理公司根据委托书要求办理出口手续，并据以结算费用。因此，“国际货物托运书”是一份重要的法律文件。

根据《华沙公约》第5条第1款和第5款规定，“货运单应由托运人填写，也可由承运人或其代理人代为填写”。实际上，目前货运单均由承运人或其代理人代为填写。为此，作为填写货运单的依据——托运书（Shipper's Letter of Instruction），应由托运人自己填写，而且托运人必须在上面签字或盖章。托运书是托运人用于委托承运人或其代理人填写航空货运单的一种表单，表单上列有填制货运单所需的各项内容，并应印有授权于承运人或其代理人代其在货运单上签字的文字说明。

（2）预配舱和预订舱。代理人汇总所接受的委托和客户的预报，并输入电脑，计算出各航线的件数、重量、体积，按照客户的要求和货物重、泡货情况，根据各航空公司不同机型对不同板箱的重量和高度要求，制定预配舱方案，并对每票货配上运单号。代理人根据所指定的预配舱方案，按航班、日期打印出总运单号、件数、重量、体积，向航空公司预订舱位。航空公司根据实际情况安排舱位和航班。

（3）接单接货。接单接货是指航空货运代理公司接受托运人或其代理人送交的已经审核确认的托运书及报送单证和收货凭证，并且把即将发运的货物从发货人手中接过来并运送到仓库的行为。接收货物一般与接单同时进行。

（4）制单、报关。①制单。航空货运代理公司依据发货人提供的国际货运委托书填写航空货运单，航空货运单包括总运单和分运单，填制航空货运单的主要依据是发货人提供的国际货物委托书，委托书上的各项内容都应体现在货运单上，一般用英文填写。②报关。首先将发货人提供的出口货物报关单的各项内容输入电脑，即电脑预录入；其次通过电脑在填制的报关单上加盖报关单位的报关专用章；然后将报关单与有关的发票、装箱单和货运单综合在一起，并根据需要随附有关的证明文件；以上报关单证齐全后，由持有报关证的报关员正式向海关申报；海关审核无误后，海关官员即在用于发运的运单正本上加盖放行章，同时在出口收汇核销单和出口报关单上加盖放行章，在发货人用于产品退税的单证上加盖验讫章，贴上防伪标志；完成出口报关手续。

（5）航空公司签单。货运单在盖好海关放行章后还需要到航空公司签单，只有签单确认后才允许将单、货交给航空公司。

（6）交接发运。交接是指向航空公司交单交货，由航空公司安排航空运输。交单就是将随机单据和应由承运人留存的单据交给航空公司。交货即把与单据相符的货物交给航空公司。

（7）办理货物发运后的事宜，如费用结算等。

五、集装箱运输跟单

集装箱运输是以集装箱为集合包装和运输单位，适合门到门交货的成组运输方式，是成组运输的高级形态，也是国际贸易运输高度发展的必然产物。

1. 集装箱运输的优点

集装箱运输能在短短的20多年间就基本上取代了杂货运输，是由于其与传统的杂货运输方式相比，具有以下几个明显的优势：

（1）可露天作业，露天存放，不怕风雨，节省仓库。

（2）可节省商品包装材料，可保证货物质量、数量，减少货损、货差。

（3）便于装卸作业机械化，节省劳动力并减轻劳动强度。

（4）提高装卸速度及车船的周转率，减少港口拥挤，扩大港口吞吐量。

（5）减少运输环节，可进行门到门的运输，从而加快货运速度，缩短了货物的在途时间。

（6）减少运输开支，降低了运费。

2. 集装箱的种类及尺寸

（1）集装箱种类。集装箱按照用途来分类：干货集装箱、冷藏集装箱、散货集装箱、开顶集装箱、台架式及平台式集装箱、通风集装箱、动物集装箱、罐式集装箱、汽车集装箱；如果按照集装箱的材质来分，又分为钢制集装箱、铝制集装箱、不锈钢制集装箱、玻璃钢制集装箱。各种集装箱有其各自的用途，根据货物的不同来选择不同类型的集装箱。

（2）集装箱尺寸。集装箱内部的最大长、宽、高尺寸。高度为箱底板面至箱顶板最下面的距离，宽度为两内侧衬板之间的距离，长度为箱门内侧板量至端壁内衬板之间的距离。它决定集装箱内容积和箱内货物的最大尺寸。

国际上通常使用的干货柜（Drycontainer）有：外尺寸为20英尺×8英尺×8英尺6英寸，简称20尺货柜（内径：5817毫米×2336毫米×2249毫米）；外尺寸为40英尺×8英尺×8英尺6英寸，简称40尺货柜（内径：12050毫米×2343毫米×2386毫米）。

3. 集装箱装箱量的计算实例

计算集装箱装箱量，是一门较复杂的技术工作，科学的装箱方法可以降低运输成本。目前在计算集装箱装箱量上，有专门的集装箱装箱计算软件，对于不同规格的货物进行最科学的计算，以达到降低运输成本的目的。本书以纸箱为例，阐述跟单员集装箱装箱量计算的一般方法。

在实务中，对一批相同尺寸纸箱计算装箱量，如果产品是属于"泡货"，则集装箱装箱量的计算只要按体积算即可；如果产品是属于"沉货"或"重货"，则集装箱装箱量的计算只要按重量算即可；若界于这两者之间，则既要按重量算又要按体积计算，并取其较小的计算。

【例题】一批T恤产品出口，T恤产品所用包装纸箱尺寸为长580×宽380×高420（毫米），每箱毛重20千克，用40英尺钢质集装箱，箱内尺寸为长12050×宽2343×高2386(毫米)，内容积为67.4立方米，最大载重27380千克，计算该集装箱最多可装多少个纸箱。

（1）按体积进行计算集装箱可装纸箱的数量。跟单员需考虑纸箱在集装箱内有多种不同的放置方法，根据计算得出最佳装箱方案。

1）纸箱放置方法一。

集装箱内尺寸：长12050×宽2343×高2386(毫米)。

纸箱在集装箱内的对应位置为：长580×宽380×高420(毫米)。

集装箱长、高、宽共可装箱量为：长20.7箱×宽6.1箱×高5.6箱。

去纸箱误差，集装箱可装纸箱数为：长20箱×宽6箱×高5箱=600箱。

2）纸箱放置方法二。

集装箱内尺寸：长12050×宽2343×高2386(毫米)。

纸箱在集装箱内的对应位置变动为：宽380×长580×高420(毫米)。

集装箱长、高、宽共可装箱量为：长31.7箱×宽4.0箱×高5.6箱。

去纸箱误差，集装箱可装纸箱数为：长31箱×宽4箱×高5箱=620箱。

3）纸箱放置方法三。

集装箱内尺寸：长 2050 × 宽 2343 × 高 2386（毫米）。

纸箱在集装箱内的对应位置变动为：高 420 × 长 580 × 宽 380（毫米）。

集装箱长、高、宽共可装箱量为：长 28.6 箱 × 宽 4.0 箱 × 高 6.2 箱。

去纸箱误差，集装箱可装纸箱数为：长 28 箱 × 宽 4 箱 × 高 6 箱 = 672 箱。

通过人工简单地按体积计算，显然“方法三”是最佳的一般性计算装箱量方案。

（2）按重量进行计算集装箱可装纸箱的数量。

纸箱数量 = 27380 ÷ 20 = 1369 （箱）。

1369 箱 > 672箱。

所以这个集装箱最多可以装 672 箱。

4. 集装箱运输的主要货运单证

（1）托运单（Dock Receipt，D/R）。托运单又称为场站收据，是指承运人委托集装箱堆场、集装箱货运站或内陆站在收到整箱货或拼箱货后签发的收据，是集装箱运输专用的出口单据。托运人或其代理人可凭场站收据，向船代换取已装船或备运提单。

（2）装箱单（Container Load Plan，CLP）。装箱单是信息记载每箱货物的具体资料，又是向海关申报的必要单证。

（3）提货单。进口收货人或其代理在收到“到货通知”后需持正本提单向承运人或其代理换取“提货单”，然后向海关办理报关，经海关在“提货单”上盖章放行后，才能凭该单向承运人委托的堆场或货运站办理提箱或提单。提货时收货人或其代理要在提货单上盖章以证明承运人的责任已结束。

5. 集装箱出口运输跟单

（1）订舱即订箱。发货人根据实务合同或信用证中的条款，或者货代根据委托人的委托书内容向船务公司或其代理填集装箱货物托运单，办理订舱（即订箱）手续。

（2）接受托运并制作场站收据。

（3）发送空箱。整箱货所需的空箱由船务公司或其代理送交，或由发货人领取；拼箱货所需的空箱由货运站领取。

（4）整箱货的装箱与交货。发货人或货代收到空箱后，应在装箱前（最晚不得晚于装箱前 24 小时）向海关办理报关，并应在海关监管下进行装箱，装毕由海关在箱门处施加铅封，铅封上的号码称为“封志”（Seal）。然后，发货人或货代应及时将重箱和场站收据一并送往堆场，堆场装卸区的工作人员点收货箱无误后，代表船方在场站收据上签字并将该收据退还来人，证明已收到所托运的货物并开始承担责任。

（5）拼箱货的装箱与交货。对拼箱货，发货人亦应先行办理报关，然后将货物送交货运站，但也可委托货运站办理报关。如委托货运站办理报关，则发货人应将报关委托书及报关所需要的单证连同货物一并送交货运站。货运站点收货物后，根据货物的性质、流向、目的港（地）的不同进行拼装。这时发货人最好派人在现场监装，以防发生短装、漏装、错装等事故。货运站的工作人员在点收货物后或在拼装完毕后应代表船方在场站收据上签字并将该收据退交发货人，证明收到所托运的货物并开始承担责任。

（6）货物进港。发货人或货运站接到装船通知后于船舶开装前五天即可将重箱运进指定的港区备装，通常在船舶吊装前 24 小时截止货箱进港。

（7）换取提单。场站收据是承运人或货运站收货的凭证，也是发货人凭此换取提单的唯一凭证。如果信用证上规定需要已装船提单，则应在货箱装船后换取已装船提单。

（8）货箱装船。集装箱船在码头靠泊后，便由港口理货公司的理货人员按照积载计划进行装船。

（9）寄送资料。船务公司或其代理应于船舶开航前两小时向船方提供提单副本、舱单、装箱单、积载图、特种集装箱的清单、危险货物集装箱清单、危险货物说明书、冷藏集装箱清单等全部随船资料，并应于起航后（近洋开船后 24 小时内，远洋起航后 48 小时内）采用传真、电传或邮寄的方式向卸货港或中转港发出卸船的必要资料。

实训任务

1. 任务一

（1）操作资料。根据宁波华美贸易有限公司与英国客商艾斯达公司 15000 件女式上衣的订单，回答问题，完成操作。

（2）操作要求。要求如下：

1）当“大货”生产完成并经过检验合格后，外贸跟单员应该通过哪一家公司安排运输事宜？

2）根据该客商采购单要求，请写出具体的承运人名称。

3）如果该船在新加坡中转，是否可以？

4）从客商采购单的信息得知，进口商在目的港提货时，是否需要支付海运费？为什么？

5）在不考虑“溢短装”情况下，外贸跟单员应该选择多少个何种尺寸的集装箱？

6）一旦该客商采购单项下的交货期延误，导致实际装船期为 6 月 30 日，则宁波华美贸易有限公司将受到多少金额的处罚？

7）该客商采购单中的相关条款是否允许拼箱？

2. 任务二

（1）操作资料。参考沈阳东方电器制造有限公司与法国莱塞纳公司的订单，完成下列操作。

补充资料：①40 英尺集装箱：箱内尺寸为长 12050 × 宽 2343 × 高 2386（毫米），内容积为 67.4 立方米，最大载重量为 27380 千克。②20 英尺集装箱：箱内尺寸为长 5917 × 宽 2336 × 高 2249（毫米），内容积为 31 立方米，最大载重量为 22140 千克。

（2）操作要求。根据法国客商的有关集装箱要求，应该选择哪一种尺寸的集装箱？如果该订单项下的纸箱尺寸为：长 50×宽 33×高 58（毫米），则依所选定的集装箱最多可以装入多少个纸箱？合计多少个电吹风？

3. 任务三

（1）操作资料。卢安茶业公司委托金发国际货运代理公司代办货物托运，并提交缮制好的货运订舱委托书（如表 11-2 所示）。

（2）操作要求。完成货运订舱委托书合同。

表 11-2　金发货运订舱委托书

经营单位（托运人）				金发编号	JF090811		
提单 B/L 项目要求	发货人： Shipper：						
	收货人：TO ORDER OF SHIPPER Consignee：						
	被通知人： Notify Party：						
海洋运费（ ） Sea freight	预付（ ）或（ ）到付 Prepaid or Collect		提单份数		提单寄送地址		
起运港		目的港		可否转船		可否分批	
集装箱预配数	20′×40′×			装运期限		有效期限	
标记唛码	包装件数	中英文货号 Description of goods		毛重（千克）	尺码（立方米）	成交条件（总价）	
				60000	672		
				特种货物 冷藏货 危险品	重件：每件重量		
内装箱（CFS）地址					大件（长×宽×高）		
				特种集装箱：（ ）			
门对门装箱地址				物资备妥日期	2015 年 8 月 28 日		
外币结算账号		TY096684-3213		物资进栈：自送（ ）或金发派送（√）			
人民币结算单位账号				SR080166-686	声明事项		
				托运人签章			
				电话			
				传真			
				联系人			
				地址			
				制单日期：2015 年 8 月 15 日			

工作任务 2　货物出境、结汇与核销程序及要求

【章首案例 2】

大连海达进出口公司进行产品出境、结汇与核销跟单

大连海达进出口公司在进行生产、品质、包装跟单的同时，适时地向金诚国际货运代理公司委托办理出口货物的报检和报关手续，并提交缮制好的商业发票、装箱单、报检委托书、报关代理委托协议书等单据，向保险公司办理保险。当货物装船后，根据合同与信用证单据条款的规定，制作商业汇票，付全套结汇单据向中国银行大连分行办理议付手续。当货款到账，向国家外汇管理局办理核销手续。

一、货物运输、报检、报关、投保业务的流程

大连海达进出口公司办理货物运输、报检、报关、投保业务的流程如图 11–1 所示：

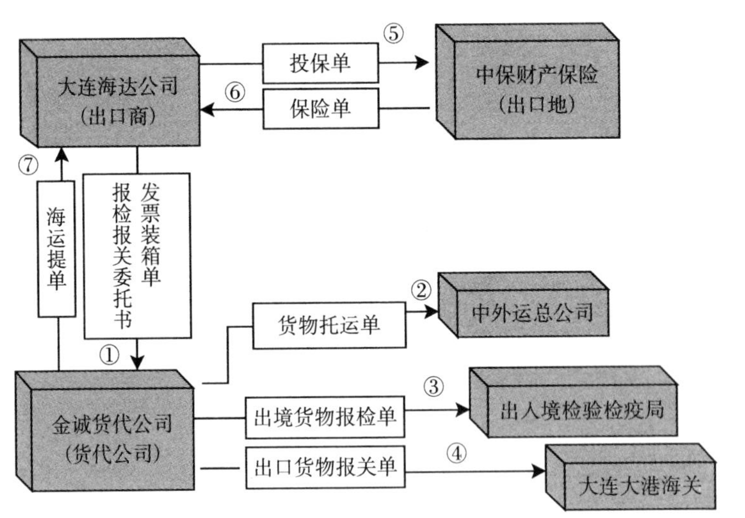

图 11–1　大连海达进出口公司办理货物运输、报检、报关、投保业务的流程

二、发票、包装单据的缮制

1. 商业发票

商业发票（Commercial Invoice）简称为发票（Invoice），它是指在发货时，出口方对进口方开立的发货价目清单以及对整个交易和装运货物的总体说明。出口方凭此向进口方索取货款。它全面反映了合同内容，虽不是物权凭证，但却是全套货运单据的中心，其他单据均要与其在内容上保持一致。

（1）商业发票的作用。商业发票的主要作用是供进口商凭此收货、支付货款和作为进出口商记账、报关交税的依据。具体作用有以下几点：

1）便于进口商核收货物、支付货款。发票是一笔交易的全面叙述，它详细列明了货物名称、规格、数量/重量、单价和总值等内容，表明了以价格为中心的合同主体内容。将发票内容与合同条款逐条核对，可了解出口方是否按合同规定履约、货物是否符合合同条款的规定，进口商可凭此付款。

2）作为进出口双方记账及核算的依据。发票是销售货物的凭证，也是买方结算货款的凭证。进出口双方均需根据发票内容逐笔登记入账，核算盈亏，掌握经济效益。

3）在出口地和进口地作为报关交税的计算依据。发票中载明的价值和有关货物的说明是海关核定税款的依据，也是出口地海关验关放行、进口地海关迅速清关提货的凭证之一。

4）作为出口方向银行办理结汇，向保险公司办理投保（计算保险金额）时提供的单据之一。

5）在不用汇票结算的业务中，发票代替汇票作为结算货款的依据。

此外，发票还可在海关数据统计、保险索赔时作为价值的证明，等等。

（2）商业发票的内容。商业发票一般根据合同或信用证条款要求由各公司自行制定，并无统一的格式，但基本栏目大致相同。发票在结构上分首文、本文、结尾三部分。首文部分包括发票名称、号码、出口商的名称和地址、出票日期及地点、信用证或合同号码、发票抬头人、运输工具和航线等；本文部分是发票的主要部分，主要描述商品的全面情况，包括唛头、货物描述、单价和总金额等；结尾部分包括许可证或管汇号、信用证要求在发票上证明或声明的其他内容、发票制作人签章等。

大连海达进出口公司商业发票如下：

DALIAN HAIDA IMPORT & EXPORT CORPORATION
132 ZHONGSHAN ROAD DALIAN CHINA
COMMERCIAL INVOICE

TO MESSRS：INVOICE NO.：TX0522
BCK IMPORT CO.，LTD.
38 QUEENSWAY，2008 NSW
AUSTRALIA

DATE：MAY 25，2014
S/C NO.：HD266

FROM DALIAN PORT TO SYDNEY PORT

MARKS&NO.	DESCRIPTION OF GOODS	QUANTITY	UNIT PRICE	AMOUNT
BCK HD266 SYDNEY C/NO.1-1000	LADIES DENIM SKIRT DETAILS：AS PER ORDER NO. 2014111	18000PCS	CIF SYDEY AUD 7.00	AUD126000.00

TOTAL AMOUNT：SAY AU DOLLARS ONE HUNDRED AND TWENTY SIX THOUSAND ONLY

DALIAN HAIDA IMPORT&EXPORT CORPORATION LIMIING

2. 包装单据

包装单据（Packing Documents）是指一切记载或描述商品包装情况的单据，是商业发票的附属单据，也是货运单据中的一项重要单据。其主要作用是补充商业发票的不足。除散装货物外，包装商品一般都需要提供包装单据。进口地海关验货、公证行检验、进口商核对货物时，都以包装单据为一项依据，用以了解包装件号内的具体内容和包装情况。

（1）包装单据的种类。包装单据的种类很多，常见的有以下几种：

装箱单（Packing List/Packing Slip）：载明装箱货物的名称、规格、数量、重量、唛头以及箱号、件数和包装情况等。若是定量箱装，每件包装货物都是统一的重量，则只需说明总件数、单件重量和合计重量；若是不定量包装，则必须提供尽可能详细的装箱内容，逐件列出每件包装货物的细节，包括商品的货号、花色搭配、毛净重、尺码等。

重量单（Weight List/Weight Note）：除载明装箱单上的内容外，尽量清楚地表明商品每箱毛重、净重及总重量的情况，供买方参考。

尺码单（Measurement List）：侧重于说明每件货物的尺码和总尺码，即在装箱单内容的基础上再重点说明每件、每个不同规格项目的尺码和总尺码。不是同一规格尺码的，要逐一列明。

一般情况下，根据商品的不同、信用证的要求不同，应提供适当的包装单据。包装单的各项内容必须与其他单据一致，尤其是重量、件数或尺码等必须与提单一致，还要与实货相符。

（2）包装单内容。包装单并无固定的格式和内容，只能由出口人根据货物的种类和进口商的要求仿照商业发票的大体格式来制作，不同公司制作的包装单格式不尽相同，但基本栏目内容相似，主要包括单据名称、编号、出单日期、货物名称、唛头、规格、件数、毛重与净重、签章等，有时还涉及包装材料、包装方式、包装规格等。

大连海达进出口公司装箱单如下：

DALIAN HAIDA IMPORT & EXPORT CORPORATION
132 ZHONGSHAN ROAD DALIAN CHINA
PACKING LIST

TO MESSRS：INVOICE NO.：TX0522
BCK IMPORT CO.，LTD.
38 QUEENSWAY，2008 NSW
AUSTRALIA

DATE：MAY 25，2014
S/C NO.：HD266

C/NO.S	COLOUR	GOODS DESCRIPTION&PACKING	QULY (PCS)	G.W (KG)	N.W (KG)	MEAS (CBM)
1-1000	BLUE-GREY	LADIES DENIM SKIRT DETAILS：AS PER ORDER NO. 2014111 PACKING：FLAT PACK WITHOUT FOLDING 6 PIECES ASSORTED SIZES PER POLYBAG，3 POLYBAGS IN A MASTER POLYBAG AND THEN INTO AN EXPORT CARTON	18000	15	12	0.048
TOTAL			18000	15000	12000	48

MARKS&NO.：
BCK
HD266
SYDNEY
C/NO.1-1000

DALIAN HAIDA IMPORT&EXPORT CORPORATION LIMIING

三、报检委托书、报关委托书的缮制

1. 报检

进出口商品检验检疫是指由具有权威的检验检疫机构依照相应的法律、法规或进出口合同的规定，对进出口商品的质量、数量、重量、包装、安全、卫生以及装运条件等进行检验并出具相应的检验证书的一系列活动，通常称为商检工作。

我国的商品检验检疫机构是国家质量监督检验检疫总局（简称为国家质检总局）及其设在全国各口岸的出入境检验检疫局。其主要职责有三项：即对进出口商品实施法定检验检疫、办理进出口商品鉴定业务、对进出口商品的质量和检验工作实施监督管理。

报检分为自理报检与代理报检。自理报检是指办理本单位检验检疫事项的行为。自理报检单位获得了当地检验检疫机构颁发的《自理报检单位备案登记证明书》后，方可从事自理报检工作。代理报检就是指委托一家代理公司进行报检业务，代理报检需要委托人与代理人签订报检委托书。

大连海达进出口公司报检委托书如下：

报检委托书

大连市出入境检验检疫局：

本委托人郑重声明，保证遵守出入境检验检疫法律、法规的规定。如有违法行为，自愿接受检验检疫机构的处罚并负法律责任。

本委托人委托受委托人向检验检疫机构提交《报检申请单》和各种随附单据。具体委托情况如下：

本单位将于 2014 年 5 月出口如下货物（如表 11-3 所示）：

表 11-3　出口货物

品名	牛仔女裙	H.S 编码	6206.3000.9
数（重）量	18000 件	合同号	HD266
信用证号	AB111	审批文件	
其他特殊要求	无		

特委托金诚国际货运代理公司（单位/注册登记号），代理本公司办理下列出入境检验检疫事宜：

√ 1. 办理代理报检手续。

√ 2. 代缴检验检疫费。

√ 3. 负责与检验检疫机构联系和验货。

√ 4. 领取检验检疫证书。

□ 5. 其他与报检有关的相关事宜。

请贵局按有关法律法规规定予以办理。

委托人（公章）：　　　　受委托人（公章）：

大连海达进出口公司专用章　　　　金诚国际货运代理公司

2014 年 5 月 8 日　　　　2014 年 5 月 8 日

2. 报关

报关是指进出口货物的收发货人、进出境运输工具的负责人、进出境物品的所有人或其代理人向海关办理货物、物品或运输工具进出境手续及相关海关事务的全过程。

报关分为自理报关和代理报关。自理报关是指由进出口货物收发人自行办理报关业务，根据我国海关目前的规定，进出口收发货人必须依法向海关注册登记后才能办理报关业务。代理报关是指进出口货物收发货人的委托承运人或其代理人办理报关等通关事宜，代理报关需要委托人与代理人签订报关委托书。

大连海达进出口公司报关委托书如下：

代理报关委托书

编号：2200004510

金诚国际货运代理公司：

我单位现 A. 逐票（A. 逐票 B. 长期）委托贵公司代理 A、C 等通关事宜（A. 报关查验　B. 垫缴税款　C. 办理海关证明联　D. 审批手册　E. 核销手册　F. 申办减免税手续　G. 其他），详见《委托报关协议》。

我单位保证遵守《海关法》和国家有关法规，保证所提供的情况真实、完整、单货相符。否则，愿承担相关法律责任。

本委托书有效期自签字之日起至 2014 年 6 月 15 日止。

委托方（签章）：大连海达进出口公司

法定代表或其授权签署《代理报关委托书》的人（签字）：李明

2014 年 5 月 2 日

委托报关协议

为明确委托报关具体事项和各自责任，双方经平等协商签订协议如表 11–4、表 11–5 所示。

表 11–4 委托方

委托方	大连海达进出口公司
主要货物名称	牛仔女裙
H.S 编码	6206.3000.9
进出口日期	2014 年 5 月 30 日
提单号	
贸易方式	一般贸易
原产地/货源地	大连
传真号码	0411–26588876
其他要求：	
背面所列通用条款是本协议不可分割的一部分，对本协议的签署构成了对背面条款的同意。	
委托方业务签章： 经办人签章：李明 联系电话：0411–26588876	

表 11–5 被委托方

被委托人	金诚国际货运代理公司	
* 报关单编号		
收到单证日期	2014 年 5 月 27 日	
收到单证情况	合同 √	发票 √
	装箱清单 √	提（运）单 □
	加工贸易手册 □	许可证件 □
	其他	
报关收费	人民币：80 元	
承诺说明：		
背面所列通用条款是本协议不可分割的一部分，对本协议的签署构成了对背面条款的同意。		
被委托方业务签章： 经办报关员签章：方元 联系电话：0411–26234455		

（白联：海关留存，黄联：被委托方留存，红联：委托方留存）中国报关协会监制。

四、向保险公司投保

凡按 CIF 和 CIP 条件成交的出口货物，由出口企业向当地保险公司逐笔办理投保手续。具体流程是：根据合同或信用证规定，在备妥货物，并确定装运日期和运输工具后，按约定的保险险别和保险金额，向保险公司投保。投保时应填制《海运出口货物投保单》或《运输险投保申请单》（Application for Transportation Insurance）并支付保险费，保险公司凭此出具保险单或保险凭证。

投保的日期应不迟于货物装船的日期。投保金额若合同没有明示规定，应按 CIF 或 CIP 价格加成 10%，如买方要求提高加成比率，一般情况下可以接受。但增加的保险费应由买方负担。

保险单据是保险人与被保险人之间订立保险合同的证明文件，它反映了保险人与被保险人之间的权利和义务关系，也是保险人的承保证明。当发生保险范围内的损失时，它又是保险索赔和理赔的主要依据。

大连海达进出口公司投保单如表 11-6 所示。

表 11-6 运输险投保单

Application For Transportation Insurance

<table>
<tr><td>被保险人
Assured's Name:</td><td colspan="2">DALIAN HAIDA IMP, &EXP. Co. Ltd.</td><td rowspan="2">提单号
Policy No.:
发票号
Invoice No.: TX0522
合同号
Contract No.: HD266
信用证号
L/C No.: AB111</td></tr>
<tr><td colspan="3">兹有下列物品向中国人民保险公司投保
Insurance is required on the following commodities:</td></tr>
<tr><td>标记
Mark & No.:</td><td>包装及数量
Quantity:</td><td>保险货物项目
Description of goods:</td><td rowspan="2">发票金额
Amount Invoice: AUD126000.00
加成
Value plus about: 10%
保险金额
Amount insured AUD: 138600.00
费率
Rate as Arranged:
保险费
Premium as Arranged:</td></tr>
<tr><td>BCK
HD266 SYDNEY
C/NO.1-1000</td><td>1000 CARTONS</td><td>LADIES DENIM SKIRT</td></tr>
<tr><td colspan="4">装载工具
Preconveyance: BY NEW STAR V.16E</td></tr>
</table>

续表

<table>
<tr><td colspan="2">开航日期以出港日期为准
Slg. on abt MAY 30，2014</td><td colspan="2">提单号
B/L No. AS PER B/L No.</td><td>赔付地点
Claims Payable At SYDNEY</td></tr>
<tr><td colspan="2">自
Form DALIAN</td><td colspan="2">经
Via</td><td>到
To SYDNEY</td></tr>
<tr><td colspan="5">承保险别
Conditions：
COVERING ALL RISKS AND WAR RISK AS PER CIC OF P.I.C.C. DATED 1/1/1981.

备注
Remark：</td></tr>
<tr><td></td><td colspan="2"></td><td></td><td>投保人盖章 李明
Applicant's signature：li Ming</td></tr>
<tr><td></td><td colspan="2"></td><td></td><td>日期
Date：2014.5.10</td></tr>
</table>

五、制作汇票向银行议付

汇票（Bill of Exchange，Draft/Bill）是一个人（出票人）向另一个人（受票人）签发的，要求受票人（付款人）见票时或在将来的固定时间或可以确定的时间，对某人或其指定人或持票人支付一定金额的无条件的书面支付命令。

1. 汇票的种类

（1）按出票人不同分银行汇票和商业汇票。银行汇票（Banker's Draft），即出票人为银行的汇票。

在国际结算中，银行汇票签发后，一般交汇款人，由汇款人寄交国外收款人向指定的付款银行取款。出票行签发汇票后，必须将付款通知书寄给国外付款行，以便付款行在收款人持票取款时进行核对。银行汇票一般为光票，不随附货运单据。

商业汇票（Commercial Draft），即出票人为工商企业或者个人，付款人为其他工商企业、个人或者银行的汇票。

在国际结算中，商业汇票通常是由出口人开立，向国外进口人或银行收取货款时使用的汇票。商业汇票的出票人不必向付款人寄送付款通知书。商业汇票大都附有货运单据，属跟单汇票。

（2）按承兑人不同分商业承兑汇票和银行承兑汇票。商业承兑汇票（Commercial

Acceptance Bill)，即以银行之外的任何工商企业或个人为承兑人的远期汇票。商业承兑汇票建立在商业信用的基础之上，其出票人通常也是工商企业或个人。

银行承兑汇票（Banker's Acceptance Bill），即承兑人为银行的远期汇票。银行承兑汇票通常由商号或个人签发，银行对汇票承兑后即成为该汇票的主债务人，而出票人则成为从债务人，或称次债务人。所以银行承兑汇票建立在银行信用的基础之上，在金融市场上可进行流通。

(3) 按付款时间不同分即期汇票和远期汇票。即期汇票，又称见票即付汇票，是指持票人向付款人提示后付款人立即付款的汇票。

远期汇票，是指在一定期限或特定日期付款的汇票。

在实际业务中，远期汇票的付款日期的表示方法主要有：

1) 见票日后若干天付款（At ... Days after Sight）。

2) 出票日后若干天付款（At ... Days after Date）。

3) 提单签发日后若干天付款（At ... Days after Date of Bill of Lading）。

4) 某一特定日期（Fixed Date）。

在上述四种表示远期汇票付款日期的方式中，第一种方式最为常见，第三种次之，而第二种和第四种则比较少见。

(4) 按有无附属货运单据分光票和跟单汇票。光票（Clean Bill），即汇票本身不附带货运单据。光票的出票人可以是工商企业或个人，也可以是银行。付款人同样也可以是工商企业、个人或银行。光票的流通全靠出票人、付款人或转让人（背书人）的信用。在国际结算中，一般仅限于贸易从属费用、货款尾数、佣金等的托收或支付时使用。银行汇票多为光票。

跟单汇票（Documentary Bill），即指需要附带提单、商业发票、装箱单等货运单据才能进行付款的汇票。汇票的付款人要取得货运单据提取货物，必须付清货款或提供一定的保证。跟单汇票体现了资金与单据对流的原则，为进出口双方提供了一定的安全保证。因此，在国际结算中，大多采用跟单汇票作为结算工具。商业汇票多为跟单汇票，在国际贸易中经常使用。

2. 汇票的具体内容

虽然各外贸公司的汇票格式不完全相同，但不管什么样的格式，汇票的项目和内容基本上是一致的，包括编号、出票地点和日期、汇票大小写金额、付款期限、受（收）款人、出票条款、出票人等。

大连海达进出口公司汇票如下：

BILL OF EXCHANGE

Drawn under ANZ BANKING Irrevocable L/C No. AB111 Date MAR.20，2014
No. TX0522 Exchange for AUD 126000.00 Dalian JUN，5.2009
AT *** *** sight of this FIRST of Exchange（Second of Exchangebeing unpaid）Pay to the order of BANK OF CHINA DALIAN BRANCH the sum of SAY AU DOLLARS ONE HUNDRED TWENTY SIX THOUSAND ONLY To ANZ BANKING
161 QUEENSWAY，NSW 211 AUSTRALIA

DALIAN HAIDA IMPORT&EXPORT CORPORATION LIMIING

六、出口收汇核销管理

出口收汇核销是指国家外汇管理部门在每笔出口业务结束后，对出口是否安全、及时收取外汇以及其他有关业务情况进行监督管理的业务。

核销程序如下：

1. 领取收汇核销单

有出口收汇货物的单位，应该到当地外汇管理部门申领经过外汇管理部门加盖“监督收汇”章的出口收汇核销单。

2. 申报、留存

货物出口时，将出口收汇核销单与其他所需要的报关单据一起向海关申报；货物放行大约一周时间以后，出口人将海关签章后退回的出口收汇核销单、报关单以及其他有关单据取回留存，准备收汇核销时使用。

3. 收汇

银行收到外汇货款以后，按照国家有关外汇管理的规定，将外汇货款按照当天的外汇牌价代替国际买入出口人收到的外汇贷款，同时，将相应金额的人民币打入出口人账户，并且以水单的形式通知出口人。

4. 核销

出口人应该在一定时间期限内，凭银行签章的出口收汇核销单、出口报关单、外汇水单等单证到外汇管理部门进行出口收汇核销。外汇管理部门通过对报关网络记录、报关单证的检查核对后，认为该笔业务出口、收汇等事宜属实后，便同意出口人的外汇核销，即认定该笔出口业务已经完成。

大连海达进出口公司核销单如表 11–7、表 11–8、表 11–9 所示。

表 11–7　出口收汇核销单存根

（辽）编号：325623411

出口单位：大连海达进出口公司
单位编码：4654
出口币种总价：AUD 126000.00
收汇方式：信用证
约计收款日期：
报关日期：2014 年 5 月 28 日
备注：
此单报关有效日期截止到 2014 年 5 月 30 日

出口单位盖章

表 11–8　出口收汇核销单

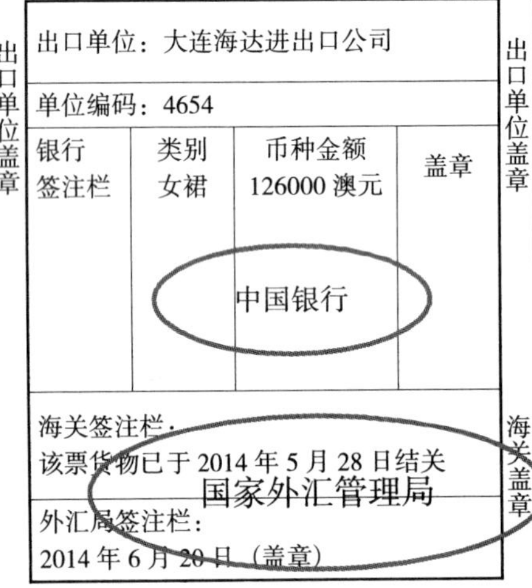

（辽）编号：325623411

出口单位：大连海达进出口公司			
单位编码：4654			
银行签注栏	类别 女裙	币种金额 126000 澳元	盖章
中国银行			
海关签注栏： 该票货物已于 2014 年 5 月 28 日结关			
外汇局签注栏： 2014 年 6 月 20 日（盖章） 国家外汇管理局			

出口单位盖章

表 11–9　出口收汇核销单出口退税专用

（辽）编号：325623411

出口单位：大连海达进出口公司		
单位编码：4654		
货物名称 全棉弹力牛仔女裙	数量 1000 箱	币种总价 126000 澳元
大连海关		
报关单编号：		
外汇局签注栏： 2014 年 6 月 20 日（盖章）		

海关盖章

实训任务

1. 任务一

（1）操作资料。根据宁波华美贸易有限公司与英国客商艾斯达公司 15000 件女式上衣的订单，完成操作。

补充资料：①发票号码：HM0522。②发票日期：2012 年 6 月 10 日。③每箱毛重：25 千克。④每箱净重：20 千克。⑤每箱体积：0.086CBM。⑥H.S 编码：6204.3200。

（2）操作要求。请以宁波华美贸易有限公司跟单员的身份，根据订单的有关内容缮制商业发票、装箱单、汇票和出口收汇核销单。

1）商业发票。请将下列宁波华美贸易有限公司的商业发票填写完整。

Ningbo Huamei Trading Co., Ltd.
18F No.12 East Beijing Rd, Ningbo, China
COMMERCIAL INVOICE

INV NO.:
DATE:
S/C NO.:

TO Messrs:

FROM______________TO______________

MARKS & NO.	DESCRIPTIONS OF GOODS	QUANTITY	UNIT PRICE	AMOUNT

TOTAL AMOUNT:

NINGBO HUAMEI TRADING Co., Ltd.

2）装箱单。请将下列宁波华美贸易有限公司装箱单填写完整。

Ningbo Huamei Trading Co., Ltd.
18F No.12 East Beijing Rd, Ningbo, China
PACKING LIST

INV NO.:
DATE:
S/C NO.:

TO Messrs:

C/NO.S	COLOUR	GOODS DESCRIPTION & PACKING	QUTY (PCS)	G.W (KG)	N.W (KG)	MEAS (CBM)
TOTAL						

MARKS & NO.

NINGBO HUAMEI TRADING Co., Ltd.

3）汇票。请将下列宁波华美贸易有限公司汇票填写完整。

BILL OF EXCHANGE

Drawn under______________ Irrevocable L/C No.______________ Date______________

No.______________ Exchange for______________ Shanghai______________

AT______________ sight of this FIRST of Exchange (Second of Exchange being unpaid) Pay to the order of______________

the sum of______________

To______________

NINGBO HUAMEI TRADING Co., Ltd.

4）出口收汇核销单。请将表 11–10、表 11–11、表 11–12 所示宁波华美贸易有限公司出口收汇核销单填写完整。

表 11–10　出口收汇核销单存根

（浙）编号：532623142

出口单位：
单位编码：
出口币种总价：
收汇方式：
约计收款日期：
报关日期：
备注：
此单报关有效日期截止到

出口单位盖章

表 11–11　出口收汇核销单

（浙）编号：532623142

出口单位：			
单位编码：			
银行签注栏	类别	币种金额	盖章
海关签注栏：			
外汇局签注栏： 年　月　日（盖章）			

出口单位盖章

海关盖章

表 11–12　出口收汇核销单出口退税专用

（浙）编号：532623142

出口单位		
单位编码：		
货物名称	数量	币种总价
报关单编号：		
外汇局签注栏： 年　月　日（盖章）		

2. 任务二

（1）操作资料。参考沈阳东方电器制造有限公司与法国莱塞纳公司的订单，完成下列操作。

1）补充资料：①发票号码：DF2012056–1。②发票日期：2012 年 5 月 20 日。③每箱毛重：5 千克。④每箱净重：4.5 千克。⑤每箱体积：0.098BM。

2）代理报检事宜：办理代理报检手续、代缴检验检疫费、负责与检验检疫机构联系和验货、领取检验检疫证书。

受托人：锦程国际货运代理公司。

地址：大连市人民路 100 号。

内装箱地址：大连朱棋路 81 号。

报关委托书号：2200004510。

委托方式：逐票。

出口日期：2012 年 6 月 5 日。

贸易方式：一般贸易。

原产地：沈阳。

收到单证日期：2012 年 5 月 25 日。

收到单证情况：合同、发票、装箱单。

收货人：凭托运人指示。

提单寄送地址：大连市人民路 100 号。

物资备妥日期：2012 年 6 月 1 日。

物资进栈：派送。

外币结算账号：MY98765783。

人民币结算单位账号：RM2345678。

（2）操作要求。请以沈阳东方电器制造有限公司跟单员李明的身份，根据销售合同书和补充资料的有关内容缮制商业发票、装箱单、货运订舱委托书。

1）商业发票。请将下列沈阳东方电器制造有限公司商业发票填写完整。

DONGFANG ELECTRIC Co., Ltd.
COMMERCIAL INVOICE

INV NO.:
TO Messrs: DATE:
S/C NO.:

FROM______________TO______________

MARKS & NO.	DESCRIPTIONS OF GOODS	QUANTITY	UNIT PRICE	AMOUNT

TOTAL AMOUNT:

DONGFANG ELECTRIC Co., Ltd.

2）装箱单。请将下列沈阳东方电器制造有限公司装箱单填写完整。

3）货运订舱委托书。请将由沈阳东方电器制造有限公司制作的如表 11-13 所示的订舱委托书填写完整。

3. 任务三

（1）操作资料。卢安茶业公司委托宏发国际货运代理公司代办货物报检和报关手续，缮制报检委托书、代理报关委托协议书。

（2）操作要求。完成下列报检委托书、报关代理委托协议书。

DONGFANG ELECTRIC Co., Ltd.
PACKING LIST

INV NO.:
DATE:
S/C NO.:

TO Messrs:

C/NO.S	COLOURS	GOODS DESCRIPTION & PACKING	QUTY (PCS)	G.W (KG)	N.W (KG)	MEAS (CBM)
TOTAL						

MARKS & NO.

DONGFANG ELECTRIC Co., Ltd.

表 11-13 锦程国际货运代理公司
大连市人民路 100 号
货运订舱委托书

<table>
<tr><td colspan="2">经营单位
(托运人)</td><td colspan="7"></td><td colspan="2">编号</td><td></td></tr>
<tr><td rowspan="3">提单
B/L
项目
要求</td><td colspan="11">发货人:
Shipper:</td></tr>
<tr><td colspan="11">收货人:
Consignee:</td></tr>
<tr><td colspan="11">被通知人:
Notify Party:</td></tr>
<tr><td colspan="2">海洋运费( )
Sea freight</td><td colspan="5">预付( )或( )到付
Prepaid or Collect</td><td>提单份数</td><td></td><td>提单寄送
地址</td><td colspan="2"></td></tr>
<tr><td>起运港</td><td colspan="3"></td><td colspan="2">目的港</td><td colspan="2"></td><td>可否转船</td><td></td><td>可否分批</td><td></td></tr>
<tr><td colspan="4">集装箱预配数</td><td colspan="4">20′×40′×</td><td>装运期限</td><td></td><td>有效期限</td><td></td></tr>
<tr><td colspan="3">标记唛码</td><td colspan="2">包装
件数</td><td colspan="3">中英文货号
Description of goods</td><td>毛重
(千克)</td><td>尺码
(立方米)</td><td colspan="2">成交条件
(总价)</td></tr>
<tr><td colspan="3" rowspan="2"></td><td colspan="2" rowspan="2"></td><td colspan="3" rowspan="2"></td><td></td><td></td><td colspan="2"></td></tr>
<tr><td>特种货物
冷藏货
危险品</td><td colspan="3">重件:每件重量</td></tr>
<tr><td colspan="2">内装箱 (CFS)
地址</td><td colspan="6"></td><td></td><td colspan="2">大件
(长×宽×高)</td><td></td></tr>
<tr><td colspan="8"></td><td colspan="4">特种集装箱:( )</td></tr>
<tr><td colspan="4">门对门装箱地址</td><td colspan="4"></td><td>物资备妥日期</td><td colspan="3"></td></tr>
</table>

续表

<table>
<tr><td rowspan="2">外币结算账号</td><td rowspan="2"></td><td colspan="2">物资进栈：自送（ ）或派送（ ）</td></tr>
<tr><td>人民币结算单位账号</td><td></td></tr>
<tr><td colspan="2" rowspan="7">声明事项</td><td>托运人签章</td><td></td></tr>
<tr><td>电话</td><td></td></tr>
<tr><td>传真</td><td></td></tr>
<tr><td>联系人</td><td></td></tr>
<tr><td>地址</td><td></td></tr>
<tr><td colspan="2">制单日期：</td></tr>
</table>

1）报检委托书。请将下列卢安茶业公司报检委托书填写完整。

报检委托书

______出入境检验检疫局：

本委托人郑重声明，保证遵守出入境检验检疫法律、法规的规定。如有违法行为，自愿接受检验检疫机构的处罚并负法律责任。

本委托人委托受委托人向检验检疫机构提交《报检申请单》和各种随附单据。具体委托情况如下：

本单位将于____年____月间出口如下货物（如表 11-14 所示）：

表 11-14 出口货物

品名		H.S 编码	5210.4100
数（重）量		合同号	
信用证号		审批文件	
其他特殊要求			

特委托____________（单位/注册登记号），代理本公司办理下列出入境检验检疫事宜：

□1. 办理代理报检手续。

□2. 代缴检验检疫费。

□3. 负责与检验检疫机构联系和验货。

□4. 领取检验检疫证书。

□5. 其他与报检有关的相关事宜。

请贵局按有关法律法规规定予以办理。

委托人（公章）： 受委托人（公章）：

年 月 日 年 月 日

2）代理报关委托书。请将下列卢安茶叶公司代理报关委托书填写完整。

代理报关委托书

________________：

编号：2200004510

我单位现_______（A. 逐票 B. 长期）委托贵公司代理_____等通关事宜（A. 报关查验 B. 垫缴税款 C. 办理海关证明联 D. 审批手册 E. 核销手册 F. 申办减免税手续 G. 其他），详见《委托报关协议》。

我单位保证遵守《海关法》和国家有关法规，保证所提供的情况真实、完整、单货相符。否则，愿承担相关法律责任。

本委托书有效期自签字之日起至　　年　　月　　日止。

委托方（签章）：

法定代表或其授权签署《代理报关委托书》的人（签字）：

年　　月　　日

委托报关协议

为明确委托报关具体事项和各自责任，双方经平等协商签订协议如表 11-15、表 11-16 所示。

表 11-15　委托方

委托方	
主要货物名称	
H.S 编码	
进出口日期	
提单号	
贸易方式	
原产地/货源地	
传真号码	
其他要求：	
背面所列通用条款是本协议不可分割的一部分，对本协议的签署构成了对背面条款的同意。	
委托方业务签章： 经办人签章： 联系电话：	

表 11-16　被委托方

被委托方		
* 报关单编号	No.	
收到单证日期		
收到单证情况	合同□	发票□
	装箱清单□	提（运）单□
	加工贸易手册□	许可证件□
	其他	
报关收费	人民币：元	
承诺说明：		
背面所列通用条款是本协议不可分割的一部分，对本协议的签署构成了对背面条款的同意。		
被委托方业务签章： 经办报关员签章： 联系电话：		

（白联：海关留存，黄联：被委托方留存，红联：委托方留存）中国报关协会监制。

实训练习

1. 单选题

（1）我国出口到蒙古的杂货运输应选择（　　）。

A. 海洋运输　　B. 铁路运输　　C. 航空运输　　D. 管道运输

(2) 经过背书才能转让的提单是（　　）。

A. 指示提单　　B. 不记名提单　　C. 记名提单　　D. 清洁提单

(3) 海运提单日期应理解为（　　）。

A. 开始装船的日期　　B. 装船过程中的任何一天

C. 装船完毕的日期　　D. 签发运输合同的日期

(4) UCP600 规定信用证没有规定交单期，银行可拒收迟于提单签发日后（　　）天的单据。

A. 15　　B. 16　　C. 20　　D. 21

(5) 海运提单收货人栏记载“TO ORDER”，表明该提单（　　）。

A. 不可转让　　B. 经背书可转让

C. 不经背书即可转让　　D. 由持有人提货

(6) 根据我国海洋货物运输保险条款的规定，承保范围最小的基本险别是（　　）。

A. 平安险　　B. 水渍险　　C. 一切险　　D. WPA

(7) 在实际业务中，一般规定卖方须提供（　　）。

A. 已装船提单　　B. 备运提单　　C. 记名提单　　D. 不清洁提单

(8) 货物装运后，承运人未加有关货损或包装不良之类批注的提单是（　　）。

A. 不清洁提单　　B. 备运提单　　C. 已装船提单　　D. 清洁提单

(9) 汇票编号为本套单据的（　　）号码，目的是便于以后核对相关内容。

A. 提单　　B. 装箱单　　C. 保险单　　D. 发票

(10) 在商业单据中处于中心单据地位的是（　　）。

A. 商业发票　　B. 海关发票　　C. 海运提单　　D. 保险单

2. 多选题

(1) 根据我国《海洋货物运输保险条款》的规定，能够独立投保的险别包括（　　）。

A. 平安险　　B. 水渍险　　C. 一切险　　D. 战争险

(2) 国际货物买卖合同中的保险条款内容是（　　）。

A. 保险金额　　B. 投保险别　　C. 保险费　　D. 保险适用条款

(3) 在货物运输保险中，除合同另有约定外，保险人不予赔偿（　　）造成的货物损失。

A. 交货延迟　　B. 被保险人的过失　　C. 市场行情变化　　D. 货物自然损耗

(4) 保险单据是（　　）。

A. 保险合同证明　　B. 可转让的单据

C. 不可转让单据　　D. 进行理赔的依据

(5) 信用证业务中使用的汇票可以是（　　）。

A. 商业汇票　　B. 银行汇票　　C. 光票　　D. 跟单汇票

(6) 一张汇票的基本当事人有（　　）。

A. 出票人　　B. 受票人　　C. 承兑人　　D. 受款人

(7) 本票与汇票的区别主要表现为（　　）。

A. 前者是支付承诺，后者是支付命令

B. 前者为两个当事人，后者则有三个当事人

C. 前者需承兑，后者无须承兑

D. 前者主债务人不变，后者则会因承兑而变化

(8) 制单原则中所说的“正确”是指（　　）。

A. 单单相符　　B. 单证相符

C. 单同相符　　D. 符合有关国际惯例

实训项目十二

售后服务——客户服务与管理

技能目标

- 了解客户服务的方法与要求
- 熟悉客户投诉处理的程序
- 掌握处理客户投诉的方法和原则
- 掌握客户信息收集的主要方法

工作任务　客户服务与管理方法及要求

【章首案例】

大连海达进出口公司进行客户服务与管理

客户服务是对产品的事后事务进行处理，调查客户的满意度，通过定期与客户的联络，跟踪客户的各种情况，及时处理客户的投诉，最终与客户建立良好的合作关系。大连海达进出口公司跟单员李明在完成跟单业务后，及时了解客户对公司产品的品质、价格和服务等方面的信息反馈，根据收集的有关信息填写客户订单跟踪表（如表 12–1 所示）、客户出货跟踪表（如表 12–2 所示）、客户满意度调查表（如表 12–3 所示），为公司做好对客户的信息管理。

表 12–1　大连海达进出口公司

客户订单跟踪表　　　　2014 年 6 月 9 日

序号	合同号	客户名称	联系人	发票号	信用证号	数量	金额	交单期	备注
1	HD266	BCK IMPORT Co., Ltd.	KEN	TX0522	AB111	18000 条	AUD 126000.00 CIF SYDNEY	2014 年 5 月 30 日	

表 12–2　大连海达进出口公司

客户出货跟踪表　　　　编号：123456

客户名称	合同号	出货日期	数量规格	运输方式	交货地点	制造状态	出货情况	备注
BCK IMPORT Co. Ltd. 38QUEENSWAY, 2008NSW AUSTRALIA	HD266	2014 年 5 月 30 日	18000 条	海运	大连港	良好	正常	

表 12–3　大连海达进出口公司

客户满意度调查表　　　　编号：123456

贵公司所在国家：澳大利亚		贵公司与本公司同行来往的企业数量：4 家					
序号	服务态度 / 服务项目	非常满意	满意	尚可	不满意	极不满意	备注
1	产品交付状况与质量		√				
2	产品款式与先进性			√			
3	产品价格、费用			√			
4	市场退货、满意与反应情况		√				
5	对不良品处理方式和结果		√				
6	技术支援情况						
7	维护、保修状况						
8	样品处理速度	√					
9	企业方面配合度		√				
10	人员服务礼貌态度与效果	√					
总得分情况		90 分					
对我公司的其他宝贵意见： 顾客代表签字：KEN　日期：2014 年 7 月 15 日							

一、客户关系管理

1. 客户是指下订单或有可能下订单给企业的组织和个人

客户关系管理（Customer Relationship Management，CRM）是将企业的客户作为最重要的企业资源，对企业与客户发生的各种关系进行全面管理，进一步延伸企业供应链管理，提高客户满意度，吸引更多客户，增加营业额，并通过优化商业流程来有效地降低企业经营的成本。

2. 跟单员工作的最高宗旨——“以客户的满意为宗旨”

跟单员围绕着订单工作，它有着一系列的工作流程和跨多个部门的协作任务，最终以客户的满意度来衡量跟单员工作的最高宗旨。

“以客户的满意为宗旨”需要跟单员从两个方面去实现：一是符合订单约束的客观标准；二是吻合客户个别的主体特征。所以跟单员工作是极有弹性的，既需要工作的原则性，也需要其灵活性。

二、客户信息收集

跟单员收集客户信息应注意信息的真实性、可靠性、准确性、及时性。

1. 客户信息收集的途径

客户信息收集的途径有以下几种方法：

（1）案桌调研。案桌调研主要有：①国内外贸易指南。②国内外展览会。③国内外新闻传播媒体（报纸、刊物、广播电台、电视、网络）。④国内外展销会。⑤政府组织的各类商品订货会。⑥国内外行业协会——会员名录、产业公报。⑦国内外企业协会。⑧国内外各种厂商联谊会或同业工会。⑨国内外政府相关统计调查报告或刊物，如工厂统计资料、产业或相关研究报告。⑩其他。各类出版物的厂商名录。

（2）直接调研。直接调研可以通过：①同行交流。跟单员可通过各种途径得到竞争对手客户的资料。②客户介绍。向客户询问，客户可能会提供相关信息。③客户自行找上门。等相关客户的业务人员自行找上门。

2. 客户信息收集的方法

进行客户信息收集的方法有很多，比如，统计资料法、观察法、会议现场收集法、阅读法、视听法、多向沟通法、聘请法、购买法、加工法、网络收集法、数据库收集法等。

3. 客户信息管理

客户信息管理就是把收集来的客户信息中的有关内容录入到相关的表格中，并形成客户登记簿的形式，进行规范存档。

三、客户的分类整理和跟踪处理

1. 客户分类整理

根据客户的可衡量性、需求足量性、可开发性和反应差异性，对客户实行分类管理。

客户的分类方式有：按客户地理位置可分为国内客户与国外客户；按客户行业可分为贸易性企业与非贸易性企业；按客户成交金额可分为 A 类客户、B 类客户、C 类客户；按公司经营发展规划可分为常规客户、潜力客户、头等客户；按与客户关系生命周期可分为导入期、成长期、成熟期、衰退期。

2. 客户的跟踪处理

客户的跟踪主要有订单跟踪、出货跟踪、产品跟踪和客户满意度跟踪等。跟单员要定期联络跟踪，并将有关资料填入客户订单跟踪表、客户出货跟踪表、客户产品跟踪表和客户满意度调查表。

处理客户的投诉，对客户表示同情、道歉，只是礼节上的需要，客户投诉的主要目的还是要求对投诉内容作出妥善的处理。所以处理客户的问题是最重要的一环，其中答复对方的解决方案又是最关键的步骤。最终的答复方案应当做到明快、诚恳、稳妥。对客户投诉处理可以采取电话处理法、信函处理法、现场处理法等。

实训任务

1. 任务一

（1）操作资料。根据宁波华美贸易有限公司与英国客商艾斯达公司 15000 件女式上衣的订单，完成下列表格。

补充材料：①态度：诚信。②制造状态：良好。③出货情况：正常。④产品交付状况与质量：满意。⑤产品款式与先进性：尚可。⑥产品价格、费用：合理。⑦样品处理速度：非常满意。⑧企业方面配合度：满意。⑨人员服务礼貌态度与效果：非常满意。⑩贵公司与本公司同行来往的企业数量：4 家。

（2）操作要求。请以宁波华美贸易有限公司跟单员的身份，根据上述资料填写客户订单跟踪表、客户出货跟踪表和满意度调查表。

1）客户订单跟踪表。请将表 12–4 所示的宁波华美贸易有限公司的客户订单跟踪表填写完整。

表 12–4　客户订单跟踪表

编号：　　　　　　　　　　　　　　　　　　　　　　　　　　年　月　日

序号	合同号	客户名称	联系人	发票号	信用证号	数量	金额	交单期	备注

2）客户出货跟踪表。请将表 12–5 所示的宁波华美贸易有限公司的客户出货跟踪表填写完整。

表 12–5　客户出货跟踪表

编号：

客户名称	合同号	出货日期	数量规格	运输方式	交货地点	制造状态	出货情况	备注

3）满意度调查表。请将表 12–6 所示的宁波华美贸易有限公司的客户满意度调查表填写完整。

2. 任务二

（1）操作资料。参考沈阳东方电器制造有限公司与法国莱塞纳公司的订单，完成下列操作。

（2）操作要求。请以沈阳东方电器制造有限公司跟单员的身份，填写客户产

表 12–6　客户满意度调查表

编号：

贵公司所在国家：		贵公司与本公司同行来往的企业数量：					
序号	服务态度 服务项目	非常满意	满意	尚可	不满意	极不满意	备注
1	产品交付状况与质量						
2	产品款式与先进性						
3	产品价格、费用						
4	市场退货、满意与反应情况						
5	对不良品处理方式和结果						
6	技术支援情况						
7	维护、保修状况						
8	样品处理速度						
9	企业方面配合度						
10	人员服务礼貌态度与效果						
总得分情况							
对我公司的其他宝贵意见： 顾客代表签字：　　日期：							

品跟踪表、客户登记表。

1）客户产品跟踪表。请将表 12–7 所示的沈阳东方电器制造有限公司客户产品跟踪表填写完整。

表 12–7　客户产品跟踪表

客户：　　　　年　月　日

序号	产品编号	货物名称及规格	数量	净重	毛重	单价	总值	主要材料

2）客户登记表。请将表 12–8 所示的沈阳东方电器有限公司制造公司客户登记表填写完整。

3. 任务三

（1）操作资料。卢安茶业公司跟单员陈立在完成跟单业务后，为了及时了解

表 12-8　客户登记表

编号：

序号	合同号	客户名称	产品名称	成交价格	出货时间	联系人	电话	备注
1								

客户 YAMADA TRADE CORPORATION 对公司乌龙茶的品质、价格和服务等方面的信息反馈，根据收集的有关信息填写客户信息收集表、潜在客户资料信息收集表和客户统计表。

（2）操作要求。完成下列客户信息收集表、潜在客户资料信息收集表和客户统计表。

1）客户信息收集表。请将表 12-9 所示的卢安茶叶公司客户信息收集表填写完整。

表 12-9　卢安茶叶公司
客户信息收集表

第 1 次收集

客户名称			电话		地址		
接洽人员	企业法人	年龄	40	文化	大学	性别	男
	负责人	年龄	40	文化	大学	性别	男
	联系人	职务	业务科长	负责事项	业务		
经营方式	经营方式	☑积极　□踏实　□保守　□不定　□投机					
	业务	□兴隆　□成长　☑稳定　□不定　□衰退					
	业务范围	茶叶批发					
	销售对象	男性青年					
	价格	☑合理　□偏高　□偏低　□削价					
	业务金额	每年 160 万美元，旺季 4 月、5 月、6 月，月销售 40 万美元，淡季 8 月、9 月、10 月、11 月、12 月，月销量 8 万美元					
	组织	☑股份有限公司　□有限公司　□独资　□合伙					
	员工人数	管理人员 10 人，员工 20 人，合计 30 人					
	同业地位	□领导者　□具有影响力　☑一级　□二级　□三级					
付款方式	态度	诚信					
	付款期						
	方式						
	手续						

续表

	年度	订单	主要产品	金额	旺季每月	淡季每月
与本公司交易						
客户负责人			审核：李娜　　收集人：于凡			

2）潜在客户资料信息收集表。请将表 12-10 所示的卢安茶叶公司潜在客户资料收集表填定完整。

表 12-10　卢安茶叶公司
潜在客户资料信息收集表

编号：1

客户名称：
客户地址：
负责人：
主要经营项目：
主要联络人：
估计资本额：2800 万美元
估计营业额：320 万美元

年度	2014	2015	2016	2017	2018	2019
营业额	160 万美元	160 万美元				

与公司交易状况：
2015 年主要交易产品为茶叶
交易金额记录：160 万美元

年度	2015	2016	2017	2018	2019	2020
营业额	7.8 万美元					

收集日期：2015 年 10 月 1 日

3）客户统计表。请将表 12-11 所示的卢安茶叶公司客户统计表填写完整。

表 12-11 卢安茶叶公司

2015 年 客户统计表 编号：

合同号	国别	客户名称	货物名称	数量	交易额	平均年交易额

实训练习

1. 单选题

(1) 客户关系管理是（ ）最重要的企业资源。

A. 客户 B. 企业 C. 银行 D. 有关部门

(2) 成交额和客户数分别占本公司总额的 70%和 10%左右的是（ ）。

A. A 类客户 B. B 类客户 C. C 类客户 D. D 类客户

(3) 潜力客户是希望在本公司的“战略联盟”关系中，获得附加的财务利益和社会利益，其又称为（ ）。

A. 常规客户 B. 一般客户 C. 关键客户 D. 合适客户

(4) 交易额趋于稳定时期，其称为（ ）。

A. 导入期 B. 成长期 C. 成熟期 D. 衰退期

(5) 客户对产品和售后服务不满意，对此，跟单员应本着（ ）的原则处理好客户投诉。

A. 退货 B. 退款 C. 双方满意 D. 终止合同

(6) 关键客户数目不多，但对企业的贡献高达（ ）。

A. 50%左右 B. 60%左右 C. 70%左右 D. 80%左右

2. 多选题

(1) 客户关系管理是通过企业与客户之间的管理机制来完善客户服务，它能够（ ）。

A. 提高客户满意度 B. 增加营业额

C. 吸引客户　　D. 降低企业经营成本

(2) 客户关系管理的内涵主要有（　　）。

A. 客户是企业发展最重要的资源之一

B. 对企业与客户之间的关系要进行全面管理

C. 进一步延伸企业的供应链管理

D. 降低营销成本

(3) 客户信息收集的途径主要有（　　）。

A. 行业组织　　B. 客户的需求足量性　　C. 媒体　　D. 展销会

(4) 客户满意度就是客户对企业的（　　）所满意的程度。

A. 产品　　B. 业务部门　　C. 服务　　D. 管理

(5) 客户跟踪主要有（　　）。

A. 订单跟踪　　B. 出货跟踪　　C. 产品跟踪　　D. 外包跟踪

(6) 跟单员在收集客户信息的过程中，应注意（　　）。

A. 信息真实性　　B. 信息可靠性　　C. 信息准确性　　D. 信息及时性

参考文献

[1] 童宏祥. 国际贸易跟单员实务（第 3 版）[M]. 上海：上海财经大学出版社，2011.

[2] 吴薇. 外贸跟单实务 [M]. 大连：大连理工大学出版社，2008.

[3] 李泽尧. 跟单员工作手册 [M]. 广州：广东经济出版社，2006.

[4] 吴蕴. 外贸跟单实务（第 2 版）[M]. 杭州：浙江大学出版社，2013.

[5] 全国外贸跟单员考试教材。

[6] 全国外贸跟单员考试大纲与指导。

[7] http：//www.mofcom.gov.cn/.

[8] http：//www.chinaport.gov.cn/.

[9] http：//www.alibaba.com/.

[10] http：//www.made-in-china.com.

[11] http：//www.gdy.net.cn.

[12] http：//www.chinaftat.org/.